Monika Falkenthal

Wir
vom Jahrgang
1961

Kindheit und Jugend

Impressum

Bildnachweis:

Umschlag vorne: Antonia Steyer, Neubulach: oben; Ramona Schoch, Bad Teinach: unten. hinten: Monika Falkenthal

Antonia Steyer, Neubulach: S. 6u, 8o, 23o, 24, 28; Marion Röcker, Althengstett: S. 7u, 11u, 12u, 48; ullstein-bild-Kurt Behrendt: S. 9u; ullstein-bild-Horstmüller: S. 10u; ullstein-bild-Oscar Poss: S. 12o; ullstein-bild/Bernd Thiele: S. 13; ullstein-bild-United Archives: S. 14; ullstein bild-Public Address: S. 15; Stadtarchiv Wolfsburg (Fotograf Willi Luther): S. 16; Mike Bartel, Remchingen. S. 20; ullstein-bild/Paul Georg Herrmann: S. 22o; ullstein-bild/Keystone: S. 23u; ullstein-bild/Werner Otto: S. 26u; ullstein-bild-AP: S. 30, 58, 61u; ullstein-bild: S. 62re; ullstein-bild-Röhnert. S. 31; ullstein-bild-bpk/Digne M. Marcovicz: S. 32u; Rolf Bäzner: S. 33, 63; ullstein-bild-dpa: S. 34, 45; ullstein-bild-Sawatzki: S. 35; ullstein-bild-imageBROKER/Ralph Kerpa: S. 36; ullstein-bild/Ferdi Hartung: S. 37; Inge Rentschler, Waging: S. 38 o; Asta Stolze, Lüneburg: S. 39; picture alliance/ZB/Jens Wolf: S. 40; ullstein-bild/A. Schorr: S. 41; Klaus Meier-Ude, Frankfurt/Main: S. 43; SchneiderBuch in der Harper Collins Germany GmbH, Hamburg: S. 44; Bauer Media Group, Hamburg: S. 46o; ullstein-bild/Gruszka: S. 46u; ullstein-bild/Schöning: S. 52; Ramona Schoch, Bad Teinach: S. 53, 54o; Bettina Deuter, Speyer: S. 54u; ullstein-bild-Sven Simon: S. 55u; ullstein-bild-ullstein bild: S. 57; ullstein-bild-United Archives/PictureLux/T: S. 60; ullstein-bild-United Archives: S. 61o

Alle anderen Fotos stammen von der Autorin.

19. Auflage 2025
Alle Rechte vorbehalten, auch die des auszugsweisen
Nachdrucks und der fotomechanischen Wiedergabe.
Gestaltung und Satz: r2 | Ravenstein, Verden
Druck: Druck- und Verlagshaus Thiele & Schwarz GmbH, Kassel
Buchbinderische Verarbeitung: Buchbinderei S. R. Büge, Celle
© Wartberg-Verlag GmbH
34281 Gudensberg-Gleichen • Im Wiesental 1
Telefon: 056 03/9 30 50 • www.wartberg-verlag.de
ISBN: 978-3-8313-3061-4

Liebe 61er!

Wie wir wurden was wir sind

Früher oder später kommt für uns alle der Moment, wo wir beginnen darüber nachzudenken, wie wir wurden, was wir sind. Wie haben Kindheit und Jugend unseren Lebensweg und unsere Zukunft beeinflusst? Sich mit dieser Phase seines Lebens auseinanderzusetzen, hat seinen ganz eigenen Reiz wurden wir doch alle in eine Zeit hineingeboren, die wir uns nicht aussuchen konnten, und die dennoch prägend war. Wir 1961 Geborenen verkörpern gewissermaßen den Jahrgang der endgültigen Trennung der beiden deutschen Staaten. War der Wunsch nach Wiedervereinigung bis dahin in den Köpfen und Herzen der Menschen im Osten wie im Westen noch sehr lebendig, so mussten diese Hoffnungen spätestens mit dem Mauerbau im August 1961 begraben werden.

  Wo auch immer wir in Deutschland aufwuchsen, es waren die großen und kleinen Dinge des Lebens, die uns prägten. Am stärksten natürlich Eltern und Geschwister und die Liebe, die wir von ihnen erfahren durften. Dorfalltag oder Großstadtleben, Familienbräuche und kulturelle Traditionen beeinflussten uns ebenso wie das gesellschaftliche und politische Umfeld. Die Proteste der Studenten in den späten 60er-Jahren, Frauen- und Emanzipationsbewegung der 70er-Jahre und ein neu erwachendes Bewusstsein für die Umwelt waren Bewegungen, die unsere Welt veränderten und uns in der Zeit des Erwachsenwerdens begleiteten. Mit dem Ergebnis, dass wir in eine Gesellschaft hineinwachsen konnten – und diese heute auch ein Stück weit selbst verkörpern –, in der jeder Einzelne freier denken, offener sprechen und ungezwungener leben darf als Generationen zuvor. Den Weg durch Kindheit und Jugend zurückzugehen, um herauszufinden, wie wir wurden, was wir sind, war eine großartige und spannende Aufgabe für mich!

Monika Falkenthal

Monika Falkenthal

Vom ersten Schrei
zum ersten Schritt

In Vaters Armen fingen wir die
ersten Sonnenstrahlen ein.

1961 – ein Schicksalsjahr

Das Jahr 1961 begann für Deutschland hoffnungsvoll. Die Wirtschaft
florierte, der Lebensstandard stieg
und technische Fortschritte versprachen das Leben angenehmer zu
machen. Die Menschen hofften auf
eine Entspannung der Situation
zwischen Ost und West. Zu Jahres-
beginn bezeichneten viele Bürger die
Wiedervereinigung des geteilten
Landes als eine der dringlichsten

Chronik

1. April 1961
Für das zweite Kind wird Familien ein Kindergeld von 25 DM gewährt.

12. April 1961
Der sowjetische Kosmonaut Juri Gagarin schwebt als erster Mensch 70 Minuten lang im Zustand der Schwerelosigkeit im Weltall.

13. August 1961
In den frühen Morgenstunden riegeln Grenzpolizei und Betriebskampfgruppen der DDR alle Grenzen zu den drei Westsektoren Berlins ab. Der Bau der Mauer zementiert die Teilung Berlins und Deutschlands auf Jahrzehnte hinaus.

8. Dezember 1961
Die Bundesregierung beschließt, die Dauer des Wehrdienstes von 12 auf 18 Monate zu verlängern.

17. Februar 1962
Norddeutschland wird von einer Sturmflut heimgesucht. Allein in Hamburg kommen über 300 Menschen ums Leben.

1. März 1962
Trotz ethischer, medizinischer und bevölkerungspolitischer Bedenken kommt mit Anovlar 21 die erste Antibabypille auf den deutschen Markt.

4. Juni 1962
Nach einem fünf Wochen andauernden Prozess verurteilt das Schwurgericht München die 52-jährige Vera Brühne aufgrund von Indizien wegen Mordes zu lebenslangem Zuchthaus.

24. Oktober 1962
Nachdem US-Militärexperten auf Kuba sowjetische Angriffswaffen entdeckt haben, kann ein drohender Nuklearkrieg in letzter Minute abgewendet werden. Die Sowjetunion verzichtet auf die Stationierung ihrer Raketen auf Kuba.

23. Februar 1963
Mit lang anhaltenden Temperaturen um minus 20°C im Januar und Februar schlägt dieser Jahrhundertwinter 1963 alle Rekorde.

28. Februar 1963
Marika Kilius und Hans-Jürgen Bäumler holen sich bei der Eiskunstlauf-Weltmeisterschaft in Italien überlegen den Titel und stehen auf dem Höhepunkt ihrer Karriere.

Aufgaben der Politik. Dennoch sollte das Jahr 1961 zu einem weiteren Schicksalsjahr für Deutschland werden. Mit dem Bau der Mauer im August wurde die Teilung auf Jahre hinaus zementiert. Auch für uns 1961 Geborene entschied sich an der Mauer unsere Zukunft, je nachdem, ob wir dies- oder jenseits von Beton und Stacheldraht zur Welt kamen. Auch die Frage, ob unser erster Schrei in den gekachelten Wänden eines Krankenhauskreißsaales oder der eher schummrigen Behaglichkeit des elterlichen Schlafzimmers ertönte, hing im Wesentlichen davon ab, wo unsere Eltern, und damit zukünftig auch wir, lebten.

Start ins Abenteuer Leben

Für viele von uns begann das Abenteuer Leben zu Hause. Gerade in ländlichen Gebieten besaßen nicht alle Familien ein Auto und der Weg zum nächsten Krankenhaus war oft weit. Dorthin begab man sich nur für weitaus ernsthaftere gesundheitliche Störungen, als eine Geburt es war. Der Hebammenberuf war auf dem Land ein angesehener Broterwerb und die Geburtshelferinnen eilten zu jeder Tages- und Nachtstunde herbei, um den neuen Erdenbürgern ins Leben zu verhelfen. Noch stellte die Großfamilie die vorherrschende Lebensform dar, sodass genügend Familienmitglieder bereitstanden, um uns in Empfang zu nehmen. Neben Vätern hießen Großeltern, Geschwister, Tanten und Onkel uns willkommen und wiesen uns vom ersten Tag an einen Platz im Familiengefüge zu.

Als Stadtkind begann unser Lebensweg in einer technisch meist recht gut ausgestatteten Klinik. Doch fehlten vor allem in den Ballungszentren Klinikbetten, Assistenzärzte und Pflegepersonal.

Die Taufe war unser erstes großes Fest, wir merkten nur nicht viel davon.

Keimfrei hinter Glas

In den Geburtskliniken wurde Hygiene groß geschrieben. Unsere Mütter und wir Kinder sollten mit möglichst wenigen Keimen der feindlichen Welt draußen in Berührung kommen. So warteten unsere Väter ungeduldig auf langen Fluren vor den Kreißsälen, bis wir unseren ersten Schrei taten.

„Hauptsache gesund!", antworteten sie auf neugierige Fragen danach, was „es" denn werden solle. In den folgenden Tagen starrten sie durch die Glasscheiben der Säuglingsstationen und bewunderten unsere krebsroten, zerknautschten Gesichter, die ihnen aus weißen Einschlagtüchern entgegenlugten. Die Besuchszeiten auf den Säuglings- und Wöchnerinnenstationen waren streng begrenzt. Für Kinder war der Zutritt ganz verboten. So lernten wir die größeren Geschwister erst nach etwa zehn Tagen kennen, wenn wir in den Armen unserer Mütter und in Begleitung unserer Väter von der Klinik heimkehrten.

Die größeren Geschwister waren neugierig auf uns.

Mutterbrust, Milupa & Co.

Die Enge des Mutterleibes hatten
wir endlich erfolgreich hinter uns
gebracht, doch wurde die neu
gewonnene Freiheit schnell wieder
beschnitten. Hebammen wickelten
uns fachgerecht in Stoffwindeln
und Einschlagtücher und ver-
schnürten uns zu handlichen
Bündeln. Unsere Mütter betteten
uns in zierliche, hochbeinige
Stubenwagen oder robuste hölzerne
Wiegen, wo wir nichts anderes zu tun hatten, als regelmäßig Nahrung
aufzunehmen, zu gedeihen und dem Leben entgegenzuschlafen. Die Eltern
wohnten beengt in Altbauwohnungen und Stubenwagen und Wiegen fanden
ihren Platz im Schlafzimmer neben dem Bett unserer Mütter. Wurden wir
nachts unruhig und hatten Hunger, gab es nichts Schöneres, als an der
weichen Mutterbrust nuckelnd wieder einzuschlafen.

Dieses Vergnügen blieb jedoch nicht
allen lange erhalten. Milupa und Co.
waren auf dem Vormarsch und redeten
unseren Müttern ein, Säuglingsnahrung
aus der Flasche sei viel gesünder und
hygienischer, als Milch aus der natürlichen
Quelle der Mutterbrust.

Fertignahrungshersteller versorgten
uns von Anfang an mit allem, was wir
zum Gedeihen brauchten.

Von zerdrückten Bananen, Milchbrei und Spinat

Mit der Umstellung auf feste Nahrung erweiterte sich unser Geschmacksempfinden rasch und je nachdem, was auf dem Speiseplan stand, löffelten wir die Mahlzeiten mit mehr oder weniger Begeisterung. Am liebsten mochten wir es, wenn der süße Geschmack zerdrückter Bananen unsere Gaumen kitzelte. Neben dieser Delikatesse stand Gemüse ganz oben auf dem Ernährungsplan.

Unsere Mütter bewirtschafteten eigene kleine Gärten und brachten frisch auf den Tisch, was zu unserem Gedeihen beitragen konnte. Weich gekochte und durchpassierte Kartoffeln und alle Arten von Gemüse fanden ihren Weg auf unsere Teller. Gab es Spinat, wich die Meinung unserer Mütter, was gut für uns sei, doch wesentlich von unserer eigenen ab. Wir schoben das Löffelchen Spinat gelangweilt im Mund hin und her und spuckten dann alles –„Pffffft" – wieder aus. Die grünen Flecken, die wir auf diese Weise auf unser Lätzchen und Mamas Schürze zauberten, ergaben hübsche Muster.

Rundum gut versorgt, gediehen wir prächtig und wuchsen bald aus unseren Stubenwägen und Wiegen heraus, sodass der erste Umzug ins Gitterbett anstand.

Ob Flasche oder Mutterbrust,
wir waren die reinsten Wonneproppen.

Hinter Gittern

Schlugen wir morgens die Augen auf, fiel unser Blick durch die Stäbe eines eisernen oder hölzernen Gitterbettes. Überhaupt verbrachten wir viel Zeit hinter Gittern. Die Laufgitter waren

Hinter Netz oder hinter Gittern: Unsere Eltern
schützten die Welt vor unserer Neugier.

Holzgestelle mit oder ohne Bodenplatte, manche besaßen zu unserer kindlichen Freude ein paar bunte Holzperlen, die zwischen zwei Gitterstäben auf eine Metallleiste gefädelt waren. Modernere Ausführungen hatten einen plastikbezogenen Griffrand und waren mit Netz bespannt. Unsere Mütter polsterten Boden und Ecken dick mit Decken und Kissen aus, damit uns bei den ersten wackeligen Geh- und Sturzversuchen kein Unheil widerfahren sollte.

Wir brüllten unseren Protest gegen alle Wände der elterlichen Wohnung, doch unsre Mütter ließen sich nicht dazu herab, uns dauerhaft aus diesen Gefängnissen zu befreien. So fanden wir uns damit ab, dass unsere Welt in Streifen geschnitten blieb, und richteten uns häuslich in den Ställchen ein.

Auch in umgeklappten Hochstühlen waren wir gut aufgehoben.

Contergan – Wundermittel mit Folgen

Der Hamburger Kinderarzt Widukind Lenz stellt einen Zusammenhang zwischen der Einnahme des Schlaf- und Beruhigungsmittels Contergan während der Schwangerschaft und den seit drei Jahren gehäuft auftretenden Missbildungen von Neugeborenen fest. Seine Warnung an den Hersteller Grünenthal GmbH in Stolberg bei Aachen führt dazu, dass das Mittel am 27. November 1961 vom Markt genommen wird. Den durch Contergan geschädigten Säuglingen fehlen Arme, Beine, Zwischenglieder oder Ohren. Allein in Westdeutsch-

Das als harmlos geltende Mittel Contergan ist Ursache für Missbildungen bei neugeborenen Kindern.

land sind etwa 5000 Kinder betroffen, viele von ihnen sterben durch schwere Schädigungen am Nervensystem. Nicht einmal 3000 überleben. Viele Frauen lassen aus Angst davor, ein missgebildetes Kind zur Welt zu bringen, im liberalen Schweden eine Abtreibung vornehmen.

Der Contergan-Skandal bringt Gesellschaft und Politik dazu, auf die Belange behinderter Menschen aufmerksam zu werden. Behinderung wird nicht mehr länger als persönliches Schicksal, sondern als gesamtgesellschaftliche Aufgabe wahrgenommen. In direktem Zusammenhang mit dem Arzneimittelskandal steht die Gründung der Aktion Sorgenkind (heute Aktion Mensch) im Jahr 1964.

1. bis 3. Lebensjahr

Sportlich tief gelegt und ungefedert

„Täglich an die frische Luft!" So lautete das Motto unserer Mütter. Sie packten uns in Kinderwagen, zurrten das Sicherheitsgeschirr fest und schickten uns mit älteren Geschwistern oder Nachbarskindern auf große Fahrt. Wir hockten in alten Familienerbstücken Marke Nachkriegsmodell mit sportlich tief gelegtem Fahrgestell und ungefederter Vollgummibereifung. Der enge Fahrgastraum bot nur wenig Komfort, das Design war eher bieder zu nennen. Die Farbpalette der geflochtenen Modelle reichte von milchigem Cremeweiß bis zu cremigem Milchweiß. Manche hatten jedoch das Glück, Insasse eines der modernen Kinder- oder Sportwagenmodelle zu werden, die jetzt auf den Markt kamen.

Unsere sportlichen Zweisitzer mussten einiges aushalten.

Start der Bundesliga

Mit 16 Mannschaften startet die Bundesliga am 24. August 1963 in ihre erste Spielsaison. Anpfiff ist um 17.30 Uhr, rund 300 000 Zuschauer füllen die Stadien. Der Stehplatz kostet im Schnitt 1,50 DM, ein Sitzplatz 3,00 DM, Haupttribüne 10,00 DM.

Bezahlter Fußball ist ein Thema, seit es die Bundesliga gibt.

Ein Paar Würstchen in der Halbzeitpause gibt es für 1,00 DM. Das erste Bundesligator fällt bereits in der ersten Spielminute, Torschütze ist der Dortmunder Friedhelm „Timo" Konietzka, der damit allerdings die 2:3-Niederlage seiner Mannschaft gegen Werder Bremen nicht verhindern kann. Erster Tabellenführer wird der Meidericher Spielverein durch seinen 4:1-Sieg gegen den Karlsruher SC. Mit dem Ball rollt auch der Rubel, der bezahlte Fußball wird eingeführt. Laut Lizenzspielerstatuten von 1963 dürfen die Gesamtbruttobezüge eines Spielers inklusive Leistungsprämien 1200 DM nicht überschreiten.

Am Ende der 1. Spielsaison steht der 1. FC Köln als Meister und Uwe Seeler mit 30 Saisontoren in 30 Spielen als Torschützenkönig fest.

Erste Schritte in die Freiheit

Wir lernten laufen. Den Gittern zu
entkommen blieb unser größtes Ansin-
nen. Was wir im Laufstall stundenlang
an Gitterstäben entlang auf einer
Fläche von etwa eineinhalb Quadrat-
metern geübt hatten, wollten wir
endlich in Freiheit auskosten. Unsere Mütter steckten uns in selbst gestrickte
Jacken und zogen uns kratzige Wollmützen über die Ohren, die wir nicht
leiden mochten. Mit Ausdauer stolperten wir über Kopfsteinpflaster, Dorfstra-
ßen und Feldwege, bis unsere Väter endlich ein Einsehen hatten und uns
huckepack auf die Schultern nahmen. Bei aller Freiheitsliebe stellten wir bald
fest, dass dies der schönste Platz auf Erden war und vor allem die beste
Aussicht bot.

Im schicken Wagen fuhren wir
zum ersten Mal aus.

Losgelassen

Du stehst. Mit beiden Beinen fest auf dem Boden. „Wer kommt in mein Haus?", ruft Mama, geht in die Hocke und breitet ihre Arme aus. Papa hält dich. Deine kleine Hand liegt in seiner großen Hand. Deine Füße stecken in Lauflernschuhen, fest geschnürt bis über die Knöchel. Mamas Stimme lockt. Deine Füße wollen so schnell wie möglich zu ihr, doch dein Kopf zögert. Windelgepolstert und hin- und hergerissen zwischen Wollen und Können wackelst du mit dem Hintern. Bevor dein Kopf sich zum Laufen entschließen kann, haben deine Beine es schon getan.

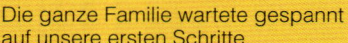

Die ganze Familie wartete gespannt auf unsere ersten Schritte.

12

Du lässt Papas Hand los und machst den ersten Schritt. „Komm!", lockt Mamas Stimme. Dein Kopf will schneller, als die Füße können. Du stürzt voran, hinein in Mamas Arme. Dasselbe Spiel. Von Mamas Hand in Papas Arme und zurück. Du kannst nicht genug davon bekommen. Papa schwingt dich hoch in die Luft und lässt dich los. Du jauchzt auf. Für einen atemlosen Augenblick schwebst du zwischen Himmel und Erde. Losgelöst und ungewiss, ob du nicht fallen wirst. Doch Papas Arme fangen dich auf. Er drückt dich an sich und du gräbst dein Gesicht in seinen Hemdkragen. Genau da, wo seine Bartstoppeln deine Wangen kitzeln.

Ergiebige Sitzungen

Vom Krabbelkind entwickelten wir uns zu einem Wesen mit aufrechtem Gang. Jetzt fehlte nur noch ein Meilenstein auf unserem Weg, damit wir als einigermaßen vollwertiges Mitglied der menschlichen Gesellschaft anerkannt wurden. Dies war der Gang aufs Töpfchen.

Na, schon stubenrein?

Kaum waren wir in der Lage, uns selbstständig aufrecht zu halten, thronten wir täglich zu festen Zeiten auf dem Töpfchen und warteten gespannt, ob unsere Bemühungen von Erfolg gekrönt sein würden. Unsere Mütter gaben uns Bilderbücher aus Pappe auf die Knie, damit uns die Zeit nicht lang wurde. Wir wollten nicht sitzen bleiben und quengelten, da steckten sie uns den Nuckel in den Mund. Half alles nichts, gaben sie uns einen Klaps auf die nackten Pobacken. Das verkürzte das Verfahren nicht, aber es gab den Müttern das Gefühl, die nötige Strenge walten zu lassen.

Niemand konnte je voraussagen, wie lange unsere Sitzungen dauern würden. Hatten wir das „Geschäft" schließlich erfolgreich abgeschlossen, erhoben wir uns, um unseren Müttern triumphierend das Ergebnis unserer Anstrengungen zu präsentieren.

Das Fernsehen wiederholte die Winnetoufilme gerade, als wir im Cowboy- und Indianer-Alter waren.

Winnetou – der edelste aller Indianer

Als der sächsische Schriftsteller Karl May 1875 Winnetou, den edlen Häuptling der Apachen, erschuf, konnte er nicht ahnen, welche Begeisterung er damit unter der Leserschaft auslösen würde. In den nächsten hundert Jahren fehlen seine Winnetou-Romane in keinem Jugendzimmer und kaum ein Erwachsener erinnert sich nicht an durchschmökerte Nächte. Anfang der 60er-Jahre bekommt Winnetou in dem Kinofilm „Der Schatz im Silbersee" mit dem Schauspieler Pierre Brice ein unverwechselbares Gesicht.

Die Aufführung des Filmes in der Vorweihnachtszeit des Jahres 1962 übertrifft alle Erwartungen. Die Winnetou-Filme sind die teuersten Produktionen der deutschen Nachkriegsfilmgeschichte. Für Kämpfe zwischen Indianern und Weißen wurden erstmals Massenszenen inszeniert. Als 1968 die Filmreihe mit „Winnetou und Old Shatterhand im Tal des Todes" abgeschlossen wird, haben 35 Millionen Zuschauer die beiden Helden in den Sonnenuntergang reiten sehen. Die Ausstrahlung der Filme im Fernsehen in den 70er-Jahren bis heute sorgt für stetigen Nachwuchs unter der Fangemeinde.

Prominente 61er

24. Jan.	Nastassja Kinski, deutsche Schauspielerin	17. Mai	Enya, irische Musikerin
6. Feb.	Malu Dreyer, deutsche Politikerin	9. Juni	Michael J. Fox, amerikanischer Schauspieler
21. März	Lothar Matthäus, deutscher Fußballtrainer	14. Juni	Boy George, britischer Sänger
22. März	Hubert Kah, deutscher Musiker und Produzent	1. Juli	Diana Spencer, Princess of Wales
3. April	Eddie Murphy, US-amerikanischer Schauspieler	1. Juli	Carl Lewis, US-amerikanischer Leichtathlet
23. April	Dirk Bach, deutscher Schauspieler	10. Juli	Ulla Kock am Brink, TV-Moderatorin
6. Mai	George Clooney, amerikanischer Schauspieler, Drehbuchautor, Regisseur und Produzent	4. Aug.	Barack Obama, 44. Präsident der USA
14. Mai	Ulrike Folkerts, deutsche Schauspielerin	14. Sept.	Martina Gedeck, deutsche Schauspielerin
		31. Okt.	Peter Jackson, Neuseeländischer Filmregisseur, Produzent und Drehbuchautor
		19. Nov.	Meg Ryan, amerikanische Schauspielerin
		24. Nov.	Hartmut Engler, deutscher Sänger und Musiker
		27. Dez.	Guido Westerwelle, deutscher Politiker

Ulrike Folkerts ist die dienstälteste Tatort–Kommissarin.

Badetage und
Schokoschnuten

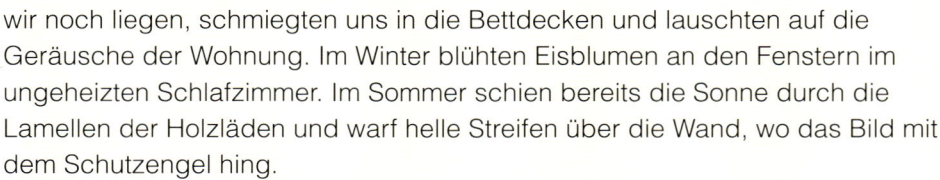

Die Kindertanten sorgten dafür, dass wir jeden Tag an die frische Luft kamen.

Der Tag beginnt

Wenn wir morgens aufwachten, waren unsere Väter längst schon bei der Arbeit. Einen Augenblick lang blieben wir noch liegen, schmiegten uns in die Bettdecken und lauschten auf die Geräusche der Wohnung. Im Winter blühten Eisblumen an den Fenstern im ungeheizten Schlafzimmer. Im Sommer schien bereits die Sonne durch die Lamellen der Holzläden und warf helle Streifen über die Wand, wo das Bild mit dem Schutzengel hing.

Wir hörten unsere Mütter in der Küche werkeln. Sie schürten das Feuer im Herd, schoben den älteren Geschwistern die Kakaotassen über den Tisch und

Chronik

4. April 1964
Der bundesdeutsche Boxer Gustav „Bubi"
Scholz gewinnt durch die Disqualifikation
seines Gegners Giulio Rinaldi den Titel des
Europameisters im Halbschwergewicht.

10. September 1964
Der Portugiese Armando Rodrigues wird als
einmillionster Gastarbeiter in der Bundesrepublik begrüßt und erhält als Willkommens-
geschenk ein Moped.

5. Oktober 1964
57 Bewohnern Ostberlins gelingt die Flucht
durch einen 150 Meter langen Tunnel nach
Westberlin. Dies ist die größte Fluchtaktion
seit dem Mauerbau.

14. Oktober 1964
Der sowjetische Ministerpräsident Nikita S.
Chruschtschow wird überraschend seiner
Ämter enthoben. Nachfolger als Vorsitzen-
der der KPdSU wird Leonid Breschnew, das
Amt des Regierungschefs übernimmt Alexej
N. Kossygin.

1. Dezember 1964
Für alle Besucher der DDR und Ostberlins
wird ein Zwangsumtausch von 5 Mark pro
Aufenthaltstag eingeführt.

30. April 1965
Die US-Illustrierte „Life" erscheint mit dem
Foto eines 15 Wochen alten Embryos auf
dem Titelbild. Dem schwedischen Fotogra-
fen Lennart Nilsson gelangen die ersten
Bilder werdenden Lebens im Körper einer
Frau.

18. Mai 1965
Im „Auschwitz-Prozess" werden die Urteile
gesprochen. Von 22 angeklagten früheren
SS-Aufsehern im Konzentrationslager
Auschwitz erhalten sechs eine lebensläng-
liche Freiheitsstrafe.

21. Juni 1966
Die Düsseldorfer Polizei verhaftet den
Metzgergesellen Jürgen Bartsch und been-
det damit eine 1962 begonnene Mordserie.
Dem 19-Jährigen wird vierfacher Kindes-
mord zur Last gelegt.

1. Dezember 1966
Der Bundestag wählt Kurt Georg Kiesinger
an die Spitze einer großen Koalition aus
CDU, CSU und SPD. Erstmals üben
Sozialdemokraten auf Bundesebene
Regierungsverantwortung aus.

Der Radioschrank gehörte zur festen
Wohnungseinrichtung.

mahnten sie zur Eile. Wir kletterten aus
unseren Betten am Fußende des
Elternbettes. Mit nackten Füßen tapsten
wir über Flurdielen und kalte Fliesen.
Dann standen wir in der Küche und
rieben uns mit den Fäusten den letzten
Schlaf aus den Augen. Auch für uns
gab es warmen Kakao. Auf eine
Scheibe Brot strichen unsere Mütter
gute Butter und Johannisbeergelee
oder Pflaumenmus vom letzten Jahr.

Sie schnitten das Brot in würfelige
Stücke, wir nahmen es mit spitzen
Fingern und stopften uns damit die
Backen voll. Die älteren Geschwister
schnallten sich die Lederranzen auf
den Rücken und stürmten aus dem
Haus. Sie ließen die Haustür zufallen,
dass die Glasscheibe klirrte. Die hatte
sowieso schon einen Sprung. Im Radio
sang Freddy Quinn „Junge, komm
bald wieder".

Vater, Mutter, Kind und Familienhund

Wenn um acht die älteren Geschwister endlich auf dem Weg zur Schule waren, hängten unsere Mütter uns die Brottasche an einem langen Riemen um den Hals und brachten uns zum Kindergarten. Manchen fiel die Trennung schwer. Bei Mädchen duldete man Tränen, den Buben sagte man: „Jungen heulen nicht!" Um uns über den Trennungsschmerz hinwegzuhelfen, ließ uns die Kindertante mit bunten Steckern Muster in Holzbrettchen stecken, bis die Tränen versiegt waren. Einige saßen lange am Tisch vor ihren Brettchen.

Irgendwie schienen wir genau zu wissen, was man gesellschaftlich von uns erwartete. Wir Mädchen kümmerten uns liebevoll um unsere Puppenkinder, fuhren sie in Korbwägelchen spazieren oder fädelten geduldig Perlen auf lange Schnüre. Jungen bauten Städte aus Bauklötzen und fuhren brummend mit Lastautos und Traktoren zwischen Tischbeinen umher. Manche Jungen machten gerne auch mal beim Vater-Mutter-Kind-Spiel mit. Aber nur, wenn sie Vater sein durften. War diese Rolle bereits vergeben, spielten sie am liebsten den „Familienhund" und ließen sich an einem Stück Schnur Gassi führen.

Auf Wiesen und in Parks pflückten wir Blumen und wanden Kränzchen daraus. In unseren Hosentaschen sammelten wir Stöckchen und Steine. „Alle Vögel sind schon da …" und „Hänschen klein ging allein …" sangen wir aus voller Kehle.

Waschen und legen

„Beklag dich nicht, sonst schneiden wir sie ab!" Jeden Morgen jammerst du über ziepende Haare und Mama schimpft. Sie flicht sie zu Zöpfen oder legt sie zu einem Nestchen und steckt sie auf deinem Scheitel fest.

Aber heute darfst du Mama zum ersten Mal zum Frisörsalon begleiten. Sie lässt sich Dauerwellen legen. Mit stacheligen Lockenwicklern auf dem Kopf sitzt sie unter einer Trockenhaube und blättert in bunten Magazinen. Dir ist langweilig und du willst auf ihren Schoß klettern. Aber sie winkt ab und blättert weiter.

Immer wieder seufzt sie. Das müssen wohl die Lockenwickler sein. „Die holländische Prinzessin und ihr deutscher Bräutigam", sagt die Frisöse und beugt sich über die bunten Bilder, „sind sie nicht ein schönes Paar?" Deine Mutter nickt und seufzt und die Frisöse stellt an einem Drehknopf die Zeit für die Trockenhaube ein. „Wenn's zu heiß wird, sagen Sie's!"

„Jetzt bist du dran!", sagt der Frisör, der im Nebenraum deinem Bruder die Haare geschnitten hat. Er setzt dich auf einen hölzernen Drehstuhl vor einem riesigen Spiegel. Unter dem Umhang verschwindest du fast ganz. Der Frisör dreht den Stuhl mit Schwung einmal, zweimal und du musst lachen. Dann beginnt er zu schnippeln. Eine Strähne nach der anderen fällt. Schließlich drückt er dir den Kopf nach vorn und rasiert deinen Nacken aus. Über ziepende Strähnen brauchst du dich nicht länger zu beklagen. Dein Haar ist jetzt so kurz wie das deines Bruders.

Werbung – ein guter Einfall ist Millionen wert

Die Werbeausgaben der deutschen Wirtschaft betragen Anfang der 60er-Jahre 2,2 Milliarden D-Mark. 1961 kostet ein Werbespot von 60 Sekunden Dauer im Deutschen Fernsehen 19 000 DM, allerdings beträgt der Anteil der Fernsehwerbung an den Gesamtausgaben lediglich 6,6 %. Marktforschung, Produktforschung und Werbepsychologie halten Einzug in die deutsche Werbewelt, trotzdem bleiben die Werbestrategien zunächst wenig einfallsreich. Verschiedene Zigarettenmarken soll der Verbraucher nur kaufen, weil sie „so gut" oder „herzhaft" schmecken, viele Dinge des täglichen Lebens werden mit Floskeln wie „elegant", „modern" und „formschön" angepriesen. Wenige Werbekampagnen ragen aus dem Einerlei heraus und bleiben dem Verbraucher auch über Jahre im Gedächtnis. So der wohlbeleibte Tchibo-Kaffee-Experte, der auf der Suche nach dem besten Kaffee im eleganten Anzug mit Bowlerhut die Tropen durchstreift, oder der „bananero" Onkel Tuca, der seine „sonnigen Bananen" anpreist, bis hin zum VW Käfer, der einfach nur „läuft und läuft und läuft".

Gezeichnete Werbefiguren haben über Jahre hinweg großen Wiedererkennungswert. Unvergessen bleiben Bruno, das HB-Männchen, und der Tiger, den Esso in den Tank packt. Bei Waschmitteln überbieten sich die Hersteller im Streit, welches Waschmittel am weißesten wäscht. Slogans wie „So weiß, weißer geht's nicht", „Zwingt Grau raus – zwingt Weiß rein", oder „Keiner wäscht reiner" werden nur noch übertroffen von der Vorstellung, den verhassten „Gilb" umzubringen oder in der Wäsche das „Licht anzuknipsen".

1968 übernimmt die Werbung Motive aus der Hippie- und Flower-Power-Bewegung. Der Fotograf und Reklamefachmann Charles Wilp konzipiert für Afri-Cola mit dem Slogan „Sexy-minisuper-flower-pop-op-Cola" und psychedelischen Bildern die erfolgreichste Werbekampagne des Jahres. Der Einsatz nackter weiblicher Haut, die mal mehr, mal weniger mit dem beworbenen Produkt zu tun hat, führt vermehrt zu Protesten unter den Verbrauchern. Zu Beginn der 70er-Jahre besinnen sich die Werbestrategen darauf, Imagewerbung zu betreiben, anstatt ein Produkt mit abgedroschenen Floskeln anzupreisen. So wird der Käfer zum „Ervolkswagen", denn zwölf Millionen Käufer können sich nicht irren, und alle Führerscheinbesitzer erfahren, dass nur, wer einen Opel GT fährt, „wirklich Auto fährt".

In der Zigarettenwerbung gerät einiges in Bewegung. Marlboro lässt seinen Cowboy durchs Land reiten und den „Geschmack von Freiheit und Abenteuer" verbreiten, während der Tabakkonzern Reynolds Männer mit Loch im Schuh „meilenweit für eine Camel Filter" gehen lässt. Diese Strategien bescheren den Tabakkonzernen erhebliche Umsatzsteigerungen. 1976 erfährt die deutsche Tabakbranche jedoch einen tiefen Einschnitt. Zigarettenwerbung ist in Hörfunk und Fernsehen nicht länger erlaubt, Jugendliche, Prominente und Sportler dürfen nicht mehr als Werbeträger auftreten.

Derweil buhlen für die Waschmittelhersteller Klementine und das schlechte „Lenor-Gewissen" noch immer um die Gunst der deutschen Hausfrau. Die Milka-Kuh ist längst lila, Dieter Thomas Heck trinkt „Hit-Milch" und Roberto Blanco putzt nur noch mit dem „Blanci-Staubtuch".

Ende der 70er-Jahre gehen die Bekleidungshersteller dazu über, ihre Logos nicht mehr versteckt auf der Innenseite anzubringen, sondern sie außen auf die Kleidung zu nähen. Der Kunde wird so zum – kostenlosen – Werbeträger für Marken wie „Lacoste" oder „Fruit of the Loom". Insgesamt werden 1979 in Deutschland von den Konzernen 10,8 Milliarden D-Mark für Werbung ausgegeben.

TYPISCHER FALL VON FALSCHEM WASCHMITTEL

Mit Fewamat wäre das nicht passiert.

Die sanfte Gewalt.
Gewaltig gegen Schmutz. Sanft zu Farben.

Wir werden mobil

Unsere Mütter schickten uns gemeinsam mit älteren Geschwistern oder Nachbarskindern auf den Weg in Kindergarten und Schule oder einfach zum Spielen hinaus. Dorfstraßen waren noch ein gefahrloser Ort unbegrenzter Freiheit und vom Verkehr weitgehend unbehelligt spielte sich im wahrsten Sinne des Wortes alles auf der Straße ab. Wer einen eigenen fahrbaren Untersatz vorweisen konnte, war König. Das Dreirad hatte zwar seinen Reiz für die Kleineren, aber mit vier oder fünf Jahren fühlten wir uns reif genug für Roller oder Fahrrad. Manche besaßen ein Tretauto, und wir waren tief beein-druckt. Der Anflug von Neid verging aber rasch, denn mit den Rollern waren wir viel schneller und wendiger unterwegs. In der Stadt kannten wir die Freiheit der Dorfstra-ßen nicht.

Beim Sonntagsspaziergang durften wir den neuen Roller zum ersten Mal ausprobieren.

Obwohl Mitte der 60er-Jahre noch nicht einmal jeder zweite Haushalt einen eigenen PKW besaß, staute sich der Verkehr an allen Kreuzungen. Unsere Mütter wollten uns nicht unbeaufsichtigt zum Kinderspielplatz lassen, die Straßen waren zu gefährlich. So spielten wir in Hinterhöfen „Wer hat Angst vorm Schwarzen Mann?" und fuhren auf Gehwegen und Parkplätzen mit Dreirädern und Rollern umher. Wir kurvten um Fußgän-ger, Mülltonnen und geparkte Autos und brachten weder uns noch andere dabei zu Schaden. Meistens jedenfalls nicht.

Einmal volltanken, bitte

Der VW-Käfer – Nomen est Omen der Wagen des Volkes – war für die meisten von uns das erste Familienauto, in dem wir ausgefahren wurden. Als jüngste Familienmitglieder durften wir vorne auf dem Schoß unserer Mütter sitzen, die kleine Vase mit den Plastikblumen immer in Reichweite unserer neugierigen Finger. Auf der unkomfortablen Rückbank stritten sich die Geschwister um die besten Plätze. Beliebt als Familienautos waren auch Opel Kadett, Ford Taunus oder ein BMW 700.

Wenn unsere Väter samstags die Wagen gewaschen hatten, wurde vollgetankt. Wir fuhren mit zur Tankstelle um die Ecke. Dort

Diese Dame lässt sich den Tiger in den Tank packen.

bekamen wir auch Flickzeug für die durchgefahrenen Roller- und Fahrradreifen. „Pack den Tiger in den Tank!", forderte ein Werbeplakat unsere Väter auf, und besagter Tiger zwinkerte uns verschmitzt zu. Während der Tankwart ESSO EXTRA einfüllte und mit unseren Vätern den Tabellenstand der Bundesliga diskutierte, kletterten wir aus dem Wagen und schauten uns um.

Zu den Tankstellen gehörte meist eine kleine Autowerkstatt. Mechaniker hantierten mit Schraubenschlüssel und Radkreuz, wir schnieften den Gestank nach Motoröl und Wagenschmiere in unsere Nasen und träumten davon, einmal selbst an Autos herumzuschrauben. Wie Cowboys und Indianer waren Tankwarte und Automechaniker Helden. Wir wollten werden wie sie. Bis zu den Ellbogen mit Öl verschmiert und nach Benzin stinkend.

Bevor wir nach Hause fuhren, durften wir noch für 10 Pfennige Kaugummis aus dem Automaten lassen. Unsere Väter ließen anschreiben. Sie tankten immer an derselben Tankstelle, über Benzinpreise regte sich noch niemand auf und bezahlt wurde am Monatsende.

Familienautos in Klein und Groß.

Anschreiben lassen

In unserem Stadtviertel kannten wir bald jeden Laden. Wenn wir unsere Mütter beim Einkaufen begleiteten, steckte uns die Verkäuferin im Edeka-markt ein Brausebonbon zu und beim Metzger gab es eine Extrascheibe

Schinkenwurst. Die Verkäuferinnen und Ladenbesitzer kannten uns beim Vornamen. Bald konnten wir selbstständig Besorgungen machen, obwohl wir noch nicht lesen und rechnen konnten. Vor neun Uhr machten die meisten Geschäfte nicht auf und am Mittwochnachmittag blieb geschlossen. Auf den Dörfern nahm man es mit den Öffnungszeiten nicht so genau. Wenn unsere Mütter dringend etwas brauchten, durften wir jederzeit an den Ladentüren klingeln. Sogar am Sonntagmorgen kurz vor dem Gottesdienst für einen Würfel Hefe.

Auch mit dem Bezahlen war man großzügig. Wie die Väter an den Tankstellen, ließen unsere Mütter in den Geschäften anschreiben. 630 Mark, so hatten schlaue Leute herausgefunden, brauchte eine vierköpfige Familie für den monatlichen Lebensunterhalt. Unsere Mütter bezahlten am Monatsende, wenn die Väter mit der Lohntüte heimkamen.

Das Raumschiff Orion war neu und außergewöhnlich im deutschen Fernsehen.

Science Fiction made in Germany

1965 entstehen in den Bavaria-Studios in München die Folgen zu einer neuen, für die damalige Zeit außergewöhnlichen Fernsehserie: Raumpatrouille – Die phantastischen Abenteuer des Raumschiffs Orion. Commander Cliff Allister McLane, gespielt von Dietmar Schönherr, und seine Crew kreuzen mit ihrem Raumschiff Orion durch die Milchstraße. Dabei stoßen sie auf außerirdische Existenzen (Frogs), die nur darauf aus sind, die Erde zu erobern. Die seinerzeit für eine Fernsehverfilmung spektakulären Effekte besitzen heute Kultstatus. Durch den Einsatz banaler Dinge des täglichen Lebens wie Bügeleisen, Chromknäufe und

Bleistiftspitzer als Armaturen oder Plastikbecher als Deckenleuchten erhält der Kommandostand der Orion eine deutlich futuristischere Optik, als das zur gleichen Zeit gestartete „Raumschiff Enterprise" des US-Fernsehens. Die Meinung der Zuschauer bei der Erstausstrahlung 1966 reicht von „Weltraum-Klamauk" bis „anspruchsvolle Science Fiction". Wegen der erheblichen Kosten bleibt die Serie auf nur sieben Folgen begrenzt.

'ne Tüte Brause für fünf Pfennig

Wie immer schreibt deine Mutter auf einen Zettel, was sie braucht und zählt das Geld in ein kleines Portemonnaie. Mit dem Einkaufsnetz, das deine große Schwester im Handarbeitsunterricht gehäkelt hat, machst du dich auf den Weg. An der Kreuzung, wo der Bus hält, wirfst du den Brief an Tante Ella in den gelben Postkasten. Die 20-Pfennig-Marke hast du selbst abgeleckt und aufgeklebt. Ein paar Nachbarskinder spielen Fangen um die Litfaßsäule. „Spielst du mit?", fragen sie, aber du schüttelst den Kopf. „Nachher vielleicht", sagst du und gehst weiter.

An die Hauswand über dem Laden sind große Buchstaben gemalt. „SPAR" buchstabierst du. Du bist noch nicht in der Schule, aber lesen kannst du schon ein bisschen. Vor dem Laden wirbt ein großes Schild mit einem rotbackigen Jungen darauf für Zwieback. Den bekommst du immer, wenn du krank bist und nichts essen willst.

Im Laden stellst du dich auf die Zehenspitzen und gibst Ilse, der Verkäuferin, dein Einkaufsnetz über die Theke. Vor deinen Augen stehen Gläser gefüllt mit bunten Bonbons. Ilse tippt Zahlen in ihre Registrierkasse. Die spuckt ratternd einen Zettel aus. Ilse zählt das Geld aus deinem Portemonnaie ab, steckt deine Einkäufe ins Netz und den Kassenzettel samt Rabattmarken dazu. Für fünf Pfennige darfst du dir eine Tüte Ahoj-Brause kaufen. Das hat Mama dir erlaubt. „Welche Farbe", fragt Ilse, „rot, gelb oder grün?" Du nimmst rot. Himbeerge-schmack. Den magst du am liebsten. Später gehst du zu den anderen Fangen spielen. Du reißt dein Brausetütchen auf, ihr steckt eure Zeigefinger hinein und leckt sie ab. Wie das bitzelt auf der Zunge!

Wie wir wohnten

Mitte der 60er-Jahre war Wohnraum knapp. Politik und Bauwirtschaft unternahmen große Anstrengungen, um der Wohnungsnot Herr zu werden. In den Neubaugebieten der Städte entstanden Trabantensiedlun-

Manchmal durften wir uns für ein paar Pfennige selbst etwas kaufen.

24

gen, wo in großen Wohnblocks Einheitswohnungen vom Reißbrett aufeinandergestapelt wurden. Diese Siedlungen ließen den Charme gewachsener Strukturen vermissen, schufen aber so schnell wie möglich Wohnraum für so viele wie möglich.

Zum Standard der Drei- oder Vierzimmerwohnungen gehörten Toilette, Badezimmer und Zentralheizung, dazu ein winziger Balkon oder eine Terrasse in Handtuchgröße. Gebäude, die die Zerstörungen des Krieges überdauert hatten, blieben hinter diesem Komfort weit zurück. In den Altbauwohnungen fehlten Badezimmer und Toiletten, die oftmals nur als Etagenräume vorhanden waren und von mehreren Wohnparteien gemeinsam genutzt wurden. Schon morgens schürten unsere Mütter das Feuer im Küchenherd und ließen es den ganzen Tag nicht ausgehen. Den Ölofen im Wohnzimmer heizten unsere Väter nur sonntags an, wenn Besuch kam. In alten Bauernhäusern auf dem Lande waren Plumpsklos noch weit verbreitet und wir badeten in einer Zinkbadewanne im einzig gut beheizten Raum des Hauses: der Küche.

Bauboom im Hintergrund, die Terrasse noch im Rohzustand, aber entspannen ließ es sich trotzdem.

Drei Kessel heißes Wasser

Samstagnachmittags dampften die Wasserkessel auf dem Herd und unsere Väter stellten große Zinkbadewannen auf die gekachelten Küchenböden. Mit Topflappen nahmen die Eltern gemeinsam einen Wasserkessel und kippten den Inhalt in die Wanne. Immer drei Kessel voll für ein Bad. Die Küche füllte sich mit Dampfwolken und die Fensterscheiben beschlugen sich. Unsere Geschwister hockten bereits in der Wanne, wir nestelten noch die Socken von den Füßen. Im heißen Wasser färbte sich unsere Haut krebsrot.

Vom schrägen Ende der Wanne, unserer „Rutsche", ließen wir uns ins Wasser platschen, dass es nur so spritzte. Unsere Mütter schimpften darüber und zur Strafe begannen sie uns abzuschrubben. Mit Waschlappen und Kernseife. Wir mochten es gar nicht, wenn sie uns mit dem Waschlappen die Ohren auspulten. Bevor das Wasser ganz kalt wurde, holten sie uns aus der

Die Hollywoodschaukel gehörte zur Grundausstattung eines Gartens.

Im Sommer diente die Zinkwanne zum Planschen im Garten.

Wanne und wickelten uns in Badetücher, die sie am Ofen angewärmt hatten. Sie rubbelten uns so lange trocken, bis sich die Haut in Röllchen schälte. Eine Weile später hockten wir mit Nivea-Creme-glänzenden Gesichtern am Küchentisch und vesperten das Wurstbrot. Dann brachten unsere Mütter uns zu Bett. Jetzt waren die Großen dran mit Baden.

Familiensonntage

Es war noch nicht lange her, da hatte Kanzler Erhard zum Maßhalten aufgefordert, aber sonntags gab es Schweinebraten. Das Kilo kostete acht Mark fünfzig und unsere Mütter deckten den Tisch mit dem guten Porzellangeschirr mit Goldrand. Wir mochten nur das magere Fleisch. Die Mütter schnitten den Fettrand ab und schoben uns die guten Stücke auf die Teller. Nach dem Essen streckten sich unsere Väter auf der Chaiselongue zum Mittagsschläfchen aus. „Seid leise!", mahnten unsere Mütter, während sie das Geschirr abwuschen und die Küche sauber machten.

Die Wirtschaft boomte und die Einführung der Vierzig-Stunden-Woche hatte man auf 1966 verschoben. Unsere Väter machten Überstunden und hatten ihre Sonntagsruhe verdient. Wir durften noch nicht beim Abwasch helfen. Das gute Geschirr war zu kostbar für unsere

Wir konnten ganz schön ärgerlich sein.

tapsigen Finger. Die älteren Geschwister mussten abtrocknen und den Tisch abwischen. Wir hörten derweil Märchenstunde im Radio. Aber ganz leise, damit unsere Väter nicht aufwachten.

Erst wenn die Küche sauber war, gab es Nachtisch. Pudding von Dr. Oetker. Den hatten unsere Mütter am Tag vorher schon gekocht.

Die Gewerkschaften versprachen die 40-Stunden-Woche, aber unsere Väter machten Überstunden.

Eine Portion hatten wir gleich warm gegessen. Die andere Portion hatten die Mütter in bunte Plastikförmchen gefüllt und über Nacht in den Kühlschrank gestellt. Jetzt stürzten sie die Förmchen auf einen Teller und der Pudding sah aus wie ein kleiner Kuchen. In die Vertiefung in der Mitte gossen wir Schoko-soße, bis sie überlief.

Taubenfüttern im Stadtpark gehörte zum sonntäglichen Ritual.

Zitronenlimo und Schokoschnute

Nachmittags starrten wir im Märchengarten den sieben Geißlein in die gute Stube. Beim Blumenpflücken auf der Wiese machten wir Grasflecken in die weißen Strumpfhosen.

Unsere Mütter seufzten. Sie hatten noch immer keine Waschmaschine. Auf dem Heimweg spendier-ten unsere Väter ein Eis für zwanzig Pfennig. Erd-beere, Vanille oder Schokolade. Die Schokoschnu-ten wischten uns die Mütter mit dem Taschentuch ab, das sie vorher mit Spucke angefeuchtet hatten. Wenn wir lange genug bettelten, bekamen wir noch eine Zitronenlimo in bauchigen Flaschen, unsere Mütter tranken Kaffee Hag – Tasse oder Kännchen? – und die großen Brüder schlürften die Schaum-kronen von den Biergläsern unserer Väter.

Ein Eis war für uns die Krönung des Sonntagsausflugs.

Wir werden wer

Mit Schultüte und Lederranzen
begannen wir den ersten Schultag.

Der Ernst des Lebens beginnt

Heute ist der Tag. Du hast lang darauf gewartet. Ein
bisschen aufgeregt bist du auch. An der Hand deiner
Mutter gehst du zum ersten Mal zur Schule. Auf dem
Weg dorthin trefft ihr andere Mütter mit Erstklässlern.

Sie sehen aus wie du. In Strumpfhose, Kleid und
Mantel die Mädchen, die Buben in langen Hosen,
Hemd und Strickjacke. Auch die Mütter haben sich
herausgeputzt an diesem wichtigen Tag. Sie tragen
Kostüm und ihre Pumps hallen laut auf dem Asphalt.
Deine Mutter grüßt lächelnd andere Mütter, du winkst
Martin von nebenan zu. Noch lacht ihr auch. Ihr zeigt

Chronik

29. April 1967
Die Uraufführung des Pop- und Rockmusicals „Hair" in New York führt zu Empörung bei den Zuschauern. Verrisse in der Presse und Begeisterungsstürme bei der Jugend.

2. Juni 1967
Bei einer Demonstration gegen den Schah von Persien wird der Student Benno Ohnesorg erschossen.

9. Oktober 1967
Bei einem Feuergefecht zwischen bolivianischen Regierungstruppen und Rebellen wird der Guerilla-Kämpfer Che Guevara getötet.

11. April 1968
Der Studentenführer Rudi Dutschke wird in Westberlin bei einem Attentat durch Kopfschüsse lebensgefährlich verletzt.

15. Mai 1968
Tausende Schüler und Lehrer boykottieren ihre Lehrveranstaltungen während der 2. Lesung der Notstandsgesetze im Bundestag.

20. August 1968
Mit ihrem Einmarsch in die Tschechoslowakei beendet die Sowjetunion gewaltsam den „Prager Frühling" und macht alle Reformversuche eines „Sozialismus mit menschlichem Antlitz" zunichte.

21. Juli 1969
Der US-Astronaut Neil Armstrong setzt als erster Mensch den Fuß auf den Mond, ihm folgt Edwin Aldrin. Auf der Erde verfolgen etwa 600 Millionen Menschen am Fernsehbildschirm das große Ereignis.

28. September 1969
Nach den Wahlen zum 6. Deutschen Bundestag einigen sich SPD und FDP auf die Bildung einer Koalition. Die neue Bundesregierung unter dem sozialdemokratischen Kanzler Willy Brandt wird am 22. Oktober vereidigt.

12. August 1970
Bundeskanzler Willy Brandt und der sowjetische Ministerpräsident Alexei N. Kossygin unterzeichnen den Moskauer Vertrag. Er beinhaltet den gegenseitigen Gewaltverzicht und die Anerkennung der bestehenden Grenzen

In den dörflichen Zwergschulen war die Anzahl der Erstklässler überschaubar.

einander eure Schultüten. Sie sind rot und blau mit Schleifen dran.

Obwohl du schon viele Male am Schulhaus vorübergegangen bist, scheint das Backsteingebäude heute viel größer zu sein als sonst. Jemand drückt endlich die schwere Flügeltür auf. Die Flure riechen nach Bohnerwachs. Rechts und links führen Türen in Klassenzimmer. Eure Schritte hallen dumpf auf dem Flur. Dann hockst du stumm und mit klopfendem Herzen zwischen Müttern und Erstklässlern, bist froh, dass ein paar von deinen Freunden da sind, und hoffst, nachher neben Martin sitzen zu können. Die Zweitklässler singen ein Lied zur Begrüßung und verschwinden in ihren eigenen Klassenzimmern.

Die Lehrerin stellt sich vor, ihren Namen kannst du dir vor Aufregung gar nicht merken, aber deinen Platz darfst du dir aussuchen. Du zwängst dich auf den Holzstuhl neben Martin, nicht ganz vorn, aber auch nicht ganz hinten. Eure Mütter gehen nach Hause und der erste Schultag beginnt. Du darfst deinen Namen auf ein Pappschild schreiben, malst eine rote Blume dazu und stellst das Schild vor dir auf. Manche malen nur. Du hast nicht gewusst, dass es Kinder gibt, die am ersten Schultag ihren Namen nicht schreiben können.

Bonanza und Sandmännchen

Unsere „Fernseh-Karriere" begannen wir, sobald es bei uns zu Hause oder in der Nachbarschaft eine Flimmerkiste gab. Mitte der 60er-Jahre hatten nur etwa zwei Drittel im Westen der Republik ein Fernsehgerät. Gehörten wir zu denen, die noch keines besaßen, hatten wir jede Menge gute „Freunde" in der Nachbarschaft, denen wir uns gerne anschlossen, wenn im Westfernsehen Fury über die Mattscheibe galoppierte oder Sandy mit einer röhrenden Hupe seinen Delfin Flipper rief. In Häppchen von 25 Minuten servierten ARD und ZDF die neuesten Abenteuer unserer tierischen Freunde.

Am späten Sonntagnachmittag, wenn wir von Ausflügen oder Verwandtenbesuchen nach Hause kamen, machten wir es uns in den Fernsehsesseln bequem. Auf dem Bildschirm brannte eine Flamme ein Loch in die Landkarte von Nevada und es war Zeit für den sonntäglichen Ausritt mit Ben Cartwright und seinen Söhnen Adam, Hoss und Little Joe. Sie zeigten uns, was echte Männer sind. Adam, der Schweigsame. Meist sprach sein Colt für ihn. Hoss, der Gutmütige. Er ließ lieber seine Fäuste sprechen, zog seinen Colt nur, wenn es gar nicht mehr anders ging, und selbst dann schoss er lieber daneben. Und Little Joe, der Jüngste, der Hitzkopf in der Truppe. Draufgängerisch, unbeherrscht und vorlaut und deshalb von allen anderen nie richtig für voll genommen. Das kannten wir. Uns ging es ebenso.

In Ost und West schickte das Sandmännchen uns ins Bett.

Die Cartwrights zeigten, was echte Männer sind.

Und schließlich Vater Ben Cartwright als Boss der Familie, der angab, wann die nördlichen Weidezäune repariert oder die Herden von den südlichen zu den östlichen Weiden getrieben werden mussten.

Frauen kamen auf der Ponderosa nicht vor. Wenn doch, starben sie am Ende der Folge oder stiegen in eine Postkutsche und fuhren davon. Wozu brauchten die Cartwrights auch Frauen, sie hatten ja Hop Sing, den chinesischen Koch. Er sorgte dafür, dass das Herdfeuer brannte und die T-Bone-Steaks bereits in der Pfanne brutzelten, wenn Vater und Söhne hungrig von ihren Abenteuern nach Hause kamen.

Unser Fernsehtag endete abends um sieben mit dem Sandmännchen.

Große Wünsche und glänzende Augen

Alle Jahre wieder kam die Weihnachtszeit, die wir, wie alle Generationen von Kindern vor uns, sehnsüchtig erwarteten. Unsere Adventskalender aus Papier klebten wir an eine Fensterscheibe, dann leuchteten die bunten Bildchen, die sich hinter den Türchen verbargen, besonders schön. Wenn wir am Nikolaustag die schweren Stiefeltritte vom Knecht Rupprecht auf der Treppe hörten, rutschte uns das Herz in die Kniekehlen. Mit grimmiger Stimme führte er uns jede Verfehlung des vergangenen Jahres vor Augen. Nur ein Gedicht konnte ihn gnädig stimmen und so stotterten wir uns durch „Lieber guter Nikolaus ..." und „Von drauß' vom Walde komm ich her ...". Auch wenn wir bald wussten, dass hinter Rauschebart und Knollennase „nur" ein Onkel oder Nachbar steckte, hatten wir doch gewaltigen Respekt vor dem Weihnachtsmann und betrachteten ihn durchaus als strafende Instanz.

Vor den Spielzeugläden drückten wir uns an den Schaufenstern die Nasen platt. Stundenlang konnten wir der elektrischen Eisenbahn zusehen, die in der Auslage im Kreis fuhr. Wir wünschten uns die Diesellok V 200 von Märklin oder

Der Weihnachtstraum von Vätern und Söhnen war eine elektrische Eisenbahn.

den Bausatz für ein Viadukt von Faller. Die Dampflok P8 mit Tender war im Laden mit einem Preis von 55 Mark ausgezeichnet. Davon träumten selbst unsere Väter.

Mädchenträume waren Puppen mit echtem Haar zum Kämmen. Passend dazu ein moderner Puppenwagen mit Faltverdeck und Doppelradbremse. Eine Barbiepuppe schrieben wir ganz oben auf den Wunschzettel, doch wir glaubten nicht, dass unsere Mütter dem Christkind erlauben würden, uns solch einen „Schund" zu schenken. Schlitten, Schlittschuhe oder ein Paar Skier wünschten wir uns auch noch und hofften auf viel Schnee in den Weihnachtsferien.

Die 60er-Jahre – eine Zeit der Umwälzungen

Der Studentenführer Rudi Dutschke (1940–1979) auf einer Veranstaltung 1968 in Bad Boll.

Die 60er-Jahre sind das Jahrzehnt des unbegrenzten Glaubens an Fortschritt und Technik, das seinen Höhepunkt 1969 in der Landung des ersten Menschen auf dem Mond findet. Doch in Gesellschaft und Politik stehen die Zeichen auf Konfrontation. Mauerbau, Kubakrise und Prager Frühling bringen den Ost-West-Konflikt beinahe zur Eskalation. Die Jugend gibt sich mit den Lebens- und Gesellschaftsentwürfen ihrer Elterngeneration nicht mehr zufrieden. Sie demonstriert gegen den als imperialistisch empfundenen Vietnamkrieg und tritt für ein friedliches Zusammenleben aller Menschen in love and peace ein.

In Deutschland findet die Protestbewegung hauptsächlich in Studentenkreisen statt. Als eine ihrer Leitfiguren gilt Rudi Dutschke. Attentate auf mehrere Symbolfiguren der Zeit, die für Erneuerung und Umwälzung stehen, verstärken die oppositionelle Haltung der jungen Generation gegenüber dem „Establishment". In Deutschland ist dies der Anschlag auf Rudi Dutschke, international die Ermordung von John F. Kennedy, Robert Kennedy, Martin Luther King und der Tod des Revolutionärs Che Guevara. Bei einem Teil der Jugend führt der Protest zu einer politischen Radikalisierung.

Eiswinter

Der Dezember 1969 war der bis dahin kälteste des Jahrhunderts. Ab Mitte des Monats breitete sich eine Kältewelle über ganz Europa aus, in Deutschland und Österreich wurden bis zu 20°C unter null gemessen. In den Nord- und Ostseehäfen hielten Eisbrecher Fahrrinnen frei, auf Elbe und Weser schwamm das Treibeis. Auch im folgenden Jahr brachten die Monate Dezember und Januar Eiseskälte und starke Schneefälle.

Wir schlüpften in lange Unterwäsche aus Baumwolle. Unsere Großmütter strickten Strümpfe mit Zopfmuster. „Kalte Füße sind ungesund", sagten sie und bestanden darauf, dass wir sie in den Schneestiefeln trugen. Die Anoraks und die schmal geschnittenen Schihosen aus Helanca mit Steg an den Fersen hielten Nässe und Kälte nicht lange ab. „Kopf und Hals müssen warm sein", sagten unsere Mütter, wickelten uns Schals um den Hals und stülpten uns Pudelmützen über den Kopf.

Wir waren auf Schlitten, Schlittschuhen und Schiern unterwegs, die wir zu Weihnachten bekommen hatten. Jeder noch so kleine Hügel genügte unseren Kufen und Brettern und auf den zugefrorenen Seen räumten wir mit Schiebern den Schnee beiseite. Jungen spielten Eishockey mit selbst gebastelten Schlägern, Mädchen drehten Pirouetten zu imaginärer Musik, die nur sie selbst hören konnten.

Damals gab es massenhaft Schnee!

7. bis 10. Lebensjahr

Jeden Nachmittag waren wir draußen und kamen erst nach Hause, wenn es fast dunkel war. Schnürsenkel und Haken unserer Stiefel waren mit Schnee und Eis zu unlösbaren Klumpen verfroren. Später hockten wir heulend vor dem Ofen, weil die eisigen Finger schmerzten. „Steck die Hände in die Haare", rieten uns die Mütter. Half das nichts, badeten sie uns in lauwarmem Wasser, bis das schmerzhafte Kribbeln in Fingern und Zehen nachließ.

Stau mal wieder zur Urlaubszeit

Unsere Väter hatten 20 Urlaubstage im Jahr und immer mehr Familien packten alljährlich zu Beginn der Sommerferien ihre Autos voll, um sich auf den Weg in den wohlverdienten Urlaub zu machen. 60 % der Bundesdeutschen verbrachten 1970 ihre Ferien im eigenen Land. Strandkorbidylle an der Nordsee war bei vielen beliebt, Wandern in Bayern oder der Lüneburger Heide gefiel vor allem unseren Eltern. Wir fanden aber, so „richtig" Urlaub machte man nur im Süden. Die Mittelmeerstrände Südfrankreichs und Spaniens kamen langsam in Mode, doch das beliebteste Reiseziel in diesen Jahren war und blieb für deutsche Urlauber traditionell die italienische Adriaküste. Unsere Väter beluden ihre Autos mit allem, was für zwei Wochen Urlaub im Süden unentbehrlich war. Eigene Bratpfannen und Töpfe fürs Campingzelt oder die Ferienwohnung, löslicher Kaffee von Jacobs und Konserven für die Verpflegung. Badesachen, Taucherbrille und Gummiboot für uns Kinder. Was im Kofferraum keinen Platz mehr fand, schnürten sie auf Dachträgern fest.

Wenn es wieder mal nicht weiterging, machten wir Picknick am Fahrbahnrand.

Im Fußraum vor dem Beifahrersitz verstauten unsere Mütter Vesperbrote und Obst für unterwegs, während wir uns auf der Rückbank mit Kissen und Geschwistern häuslich einrichteten. „Sind wir bald da?", fragten wir, sobald wir glaubten, die Reise habe lange genug gedauert. „Ruhe!", blafften unsere Väter und warfen uns böse Blicke im Rückspiegel zu. „Wir haben ja noch nicht mal die Autobahn erreicht!" Wir fragten noch viele Male. Die Autobahnen waren jedes Jahr zur Ferienzeit hoffnungslos überfüllt und stellten unsere Geduld auf eine harte Probe. „Sechzig Schilling!", empörten sich unsere Väter an der Mautstelle der neuen Brennerautobahn. „Das sind 9 Mark! So ein Wucher!" Aber dann zahlten sie doch.

Beatles – Ende einer Ära

Mit der Bekanntgabe ihrer Trennung am 10. April 1970 endet die Karriere der bislang erfolgreichsten Musikgruppe der Welt. Wie keine Band vor oder nach ihnen beeinflussen die Beatles die Musikszene ihrer Zeit. 1961 treten sie mit der Besetzung John Lennon, Paul McCartney, George Harrison und Pete Best zum ersten Mal im berühmten Liverpooler Cavern Club auf. 1962, inzwischen mit Ringo Starr am Schlagzeug, spielen sie im Hamburger Star-Club. Ihre Frisuren, die sogenannten „Pilzköpfe", werden weltberühmt und oft nachgeahmt.

Im Lauf des Jahrzehnts entwickeln sich die Beatles zu Ikonen der Jugendkultur. In einem Interview 1966 stellt John Lennon die nicht ganz ernst gemeinte Behauptung auf, die Beatles seien populärer als Jesus. Spätestens mit dem Album Sgt. Pepper's Lonely Hearts Club Band von 1967 stehen ihre Songs und Alben für bunte Kleidung, Drogen, Mystizismus und Befreiung von elterlicher Bevormundung. Am Ende ihrer Karriere haben sie mit ihren Schallplatten, Fanartikeln und Filmen wie Help! und Yellow Submarine einen Umsatz von 500 Millionen DM erzielt.

Von der **Bildungs- katastrophe** zu höherer **Mathematik**

Wir fanden immer einen Platz
zum Spielen.

Unsere kleine Welt

Der Übergang von den 60er- zu den 70er-Jahren war eine aufregende Zeit. Weltbewegende Dinge geschahen. Im Juli 1969 betrat der erste Mensch den Mond. Wir verfolgten die Bilder mit unseren Eltern in Schwarz-Weiß am Fernsehbildschirm. Abends, bevor wir zu Bett gingen, schauten wir zum Himmel hinauf, um zu sehen, wo die Astronauten herumspazierten. Entdecken konnten wir keinen von ihnen. Das Woodstock-Festival fand statt, Jimmy Hendrix und Janis Joplin starben. Wir schwärmten für Heintje und trällerten „Oma so lieb, Oma so nett!". Jochen Rindt raste mit seinem Lotus 72 in den Tod und Eddy Merckx gewann die Tour de France viermal hintereinander. Wir sausten mit Rollern und Fahrrädern um die Blocks und flickten unsere platt gefahrenen Reifen. Pelé schoss das tausendste Tor seiner Karriere und

Chronik

3. Mai 1971
Walter Ulbricht tritt von seinem Amt als Erster Sekretär des Zentralkomitees der SED zurück. Sein Nachfolger wird Erich Honecker.

4. September 1971
Das britisch-französische Überschallflugzeug Concorde überquert zum ersten Mal den Atlantik und legt die 7500 km lange Strecke in knapp fünf Stunden zurück.

3. Januar 1972
Als einzige Überlebende eines Flugzeugabsturzes vom 24. Dezember 1971 im peruanischen Urwald wird die Deutsche Juliane Koepcke gefunden.

5. September 1972
Bei den XX. Olympischen Spielen in München dringen arabische Terroristen in das Quartier der israelischen Mannschaft ein, töten zwei Athleten und nehmen neun Geiseln. Ein Befreiungsversuch der Polizei endet mit dem Tod aller Geiseln.

3. Februar 1973
Carmen Thomas moderiert als erste Frau das „Aktuelle Sportstudio" im ZDF.

12. Juni 1973
In der CDU beginnt die Ära Helmut Kohl. Der 43-jährige Ministerpräsident von Rheinland-Pfalz wird auf dem Parteitag der Christdemokraten zum Vorsitzenden gewählt.

16. März 1974
Zehntausende demonstrieren in der Bundesrepublik für die Abschaffung des § 218.

25. April 1974
Günter Guillaume, persönlicher Referent von Bundeskanzler Willy Brandt, wird als Spion der DDR entlarvt. Willy Brandt tritt kurz darauf zurück.

8. August 1974
Präsident Richard Nixon tritt wegen der Watergate-Affäre zurück.

29. November 1974
Ulrike Meinhof wird zu acht Jahren Freiheitsstrafe verurteilt.

Günter Netzer war eines der größten Fußballidole unserer Jugendjahre

Uwe Seeler nahm seinen Abschied von der Nationalmannschaft.

Wir kickten mit allem, was annähernd rund war. Unser Sportplatz war die Straße, als Tor genügten die Stangen vom Wäschetrockenplatz oder ein Garagentor. Jungs spielten im Angriff, Mädchen in der Verteidigung. Wir fühlten uns wie Beckenbauer, Müller, Netzer und Co. Am Wochenende feuerten wir den Kreisklassenverein unseres Dorfes oder die Oberligamannschaft unserer Heimatstadt an und ab und zu nahmen unsere Väter uns mit ins Stadion. Fankurve, Stehplatz und in der Halbzeitpause 'ne rote Wurst.

Der Fußballskandal am Ende der Saison 1970/1971 erschütterte unsere kleine Welt nachhaltig. Spieler hatten den Sieg ihrer Mannschaft für schnöden Mammon verkauft! Für uns hatte der Fußball seine Unschuld verloren und wir fragten uns ernsthaft, ob wir den Ball weiterhin reinen Gewissens in Nachbars Tulpenbeet dreschen konnten.

11. bis 14. Lebensjahr

Klicker war das Spiel der Saison 1971.

Alles was rund ist

Wir wandten uns anderen runden Kugeln zu. „Klicker" war das Spiel der Saison. Unsere Eltern fanden es völlig sinnlos, zwei durch ein Seil miteinander verbundene Kugeln so oft wie möglich aufeinanderprallen zu lassen, nur um einen nervtötenden Knatterton zu erzeugen. Wir aber waren begeistert und sorgten dafür, dass die Eltern innerhalb weniger Wochen über eine Million Mal das Geld dafür locker machten. Klicker lehrte uns Durchhaltevermögen und auf die Zähne beißen. Wenn uns die Kugeln unkontrolliert um die Finger knallten, ernteten wir von den Müttern diesen Ich-hab-es-dir-doch-gleich-gesagt-Blick. Aber niemals hätten wir zugegeben, wie sehr die Blutergüsse auf Fingerknöcheln und Armen wirklich schmerzten.

Auf Dauer waren Klickerkugeln sowieso kein Ersatz für einen richtigen Lederball und spätestens, als Deutschland 1974 im eigenen Land Weltmeister wurde, war die Fußballwelt wieder in Ordnung. Das samstägliche Ritual bestand aus Autowaschen, Rasenmähen, Sportschau gucken. Abends um sechs hockten wir daheim in den Fernsehsesseln oder mit unseren Vätern in der Stammkneipe um die Ecke vor den Bildschirmen. Dort waren alle Fachleute der Liga versammelt. Nur auf den Spielfeldern tummelten sich lauter Pfeifen, Nichtskönner und Versager.

Wir häkelten mit Gebrasa Exklusiv Super, 4fach, einem BRI-Nylon-Garn. Gegen Einsendung einer 30-Pfennig-Briefmarke schicken wir Euch gern die Arbeitsanleitungen für Ramonas Häkelhits zu. Adresse: BRAVO-Mode, 8 München 2, Augustenstraße 10

In der BRAVO gab es die Anleitung für topmodische Häkel-Pants.

Fünf Meter Super-Elastik

Dieses Gummiband! Schon wieder ist es ganz schlapp und labberig geworden. Damit kannst du unmöglich Gummitwist spielen gehen! Im Nähkästchen deiner Mutter findest du zwei Sorten Gummilitze. Drei Meter lang und extrabreit die eine. Viel zu kurz! Fünf Meter Super-Elastik die andere. Genau richtig! Ingrid wartet schon an der Ecke vor dem großen Werbeschild. Zwischen Häuserwänden steht die Hitze des Großstadtsommers und Peter Stuyvesant verspricht den Duft der großen, weiten Welt. Euch genügt eure kleine Welt. Karin kann heute Nachmittag nicht kommen, sie hat Klavierunterricht. Auf der Suche nach einem dritten Mitspieler findet ihr den Laternenmast. Du schlingst das Band in Kniehöhe darum. In Knöchelhöhe spielt ihr nicht, wenn ein Laternenmast der dritte Mitspieler ist. Knöchelhöhe ist Hundebeinhöhe!

Du fängst an. Rein in die Mitte, mit beiden Beinen wieder raus, das Gummi zwischen den Knien. Dann beide Füße gleichzeitig aufs Band, ohne Flitschenlassen. Geschafft! „Wasserstraße" ist deine Spezialität. Ingrid schiebt das Gummiband höher. Jetzt ist Po-Etage dran. In der Ferne flimmert heiß der Asphalt. Es riecht nach Gewitter. Du wirfst die Beine hoch und springst. Über den Dächern grollt Donner. Du hüpfst und landest mit beiden Füßen auf dem Gummiband. Ein Blitz, ein Donner. Dicke Tropfen platschen dir auf den Kopf.

Im Schulhof, auf Gehwegen, zu Hause im Flur:
Wir twisteten überall.

Ingrid lässt das Gummi flutschen und ergreift die Flucht. Du ziehst das Gummiband vom Laternenmast und rennst hinterher, erreichst das Vordach vom Buswartehäuschen. Du knüllst dein neues Gummiband zusammen und ziehst die Nase hoch. Es stinkt! Beim Abmachen vom Laternenmast hast du es zu weit runterrutschen lassen. Jetzt stinkt es. Nach Hund!

Das Pantoffelkino der 60er- und 70er-Jahre

Die Zahl der Fernsehteilnehmer steigt Anfang der 60er-Jahre rasant an. 1962 besitzen etwa 35 % der Haushalte ein Fernsehgerät, Ende 1964 meldet der zehnmillionste Teilnehmer sein Gerät an. Damit können fast die Hälfte der Haushalte die Programme von ARD und ZDF empfangen. Heinz Maegerlein, Hans-Joachim Kulenkampff und Robert Lembke sind die bekanntesten Quizmaster dieser Zeit. In den 60er-Jahren sind Fury, Lassie und Flipper regelmäßige Gäste im Kinderfernsehen, Erwachsene sehen am liebsten Serien wie „Die Firma Hesselbach", Western wie „Bonanza" und „Am Fuß der blauen Berge", sowie Krimis wie „Stahlnetz" und „77 Sunset Strip". Für junge Leute präsentiert Chris Howland „Musik aus Studio B".

Der Besitz eines Fernsehgerätes trägt wesentlich zum sozialen Ansehen bei, man trifft sich zum gemeinsamen Fernsehabend bei Knabbergebäck und Fernseh-Häppchen. Das Programm vom Vorabend ist allmorgendlicher Gesprächsstoff in Fabrikhallen, Büros und auf Schulhöfen. Am 25. August 1967 drückt Außenminister Willy Brandt zum Abschluss der 25. Funkausstellung in Berlin den roten Knopf zum Start des

Die Geschichten der Augsburger Puppenkiste faszinierten Kinder über Jahre hinweg.

Niveauvoller Blödsinn war das Markenzeichen von Kermit, Miss Piggy und dem Rest der chaotischen Muppets-Puppentruppe.

deutschen Farbfernsehens. Ab 1971 präsentiert Ilja Richter einmal monatlich seine Sendung „Disco". Die bunte Mischung aus Schlagern von Chris Roberts bis Rex Gildo, Rocksongs von Sweet bis Gary Glitter und Popmusik von Albert Hammond bis Rubettes ist für die ganze Familie geeignet. Ilja Richters Spruch „Licht aus – Wromm! Spott an – Jaaa!" bleibt bis 1982 eine feste Institution am Samstagabend.

Bereits 1976 löst Kommissar Keller alias Erik Ode seinen letzten Fall im ZDF, dafür nimmt Inspektor Derrick mit Horst Tappert in der Titelrolle seine Ermittlungen auf. Dalli Dalli mit Hans Rosenthal, die Montagsmaler mit Frank Elstner und vor allem „Am laufenden Band" mit Rudi Carrell sind Publikumsmagneten der 70er-Jahre. Das Thema „Kinder vor dem Fernseher" erhitzt bereits zu damaliger Zeit die Gemüter der Bundesbürger.

Mitte der 70er-Jahre ergeben Studien, dass im Durchschnitt rund 370 000 Kinder unter 13 Jahren nach 21 Uhr noch Krimis sehen, Medienpädagogen halten dies für unverantwortlich. Zu ihrer Erleichterung erobert ab 1977 eine chaotische Puppen-Truppe aus England die bundesdeut-schen Bildschirme. Kermit und Miss Piggy bieten zusammen mit den restlichen Muppets für Kinder und Erwachsene gleichermaßen niveauvolle Unterhaltung voller Witz.

1979 ist das Jahr der Jubiläen: Die Hitparade und das Magazin Mosaik laufen im ZDF seit zehn Jahren, Bilanz ist zum 300. Mal zu sehen, das Gesundheits-magazin Praxis zum 200. Mal. Ihren hundertsten Geburtstag feiern der ARD-Tatort und Eduard Zimmermanns Aktenzeichen XY … ungelöst ebenso wie Ilja Richters Disco.

11. bis 14. Lebensjahr

Im Kampf gegen die Bildungskatastrophe

„Was bringt uns das Jahr 1971?", titelte der STERN in seiner ersten Ausgabe im neuen Jahr. Wir fragten uns dasselbe. Während der STERN darüber spekulierte, ob es für Schüler bald die 5-Tage-Woche geben würde, versuchten wir nach Kräften die Entwicklung unserer schulischen Karriere voranzutreiben. Bereits zu Beginn der 60er-Jahre hatten führende Bildungsexperten der Bundesrepublik eine Bildungskatastrophe prophezeit. Wir traten an, diese zu verhindern.

Das Bürgerrecht auf Bildung wurde propagiert und jungen Menschen sollten unabhängig von ihrer sozialen Herkunft alle Bildungschancen offenstehen. Aber auch zu Beginn der 70er-Jahre wechselte noch nicht einmal ein Drittel der Schüler nach der Volksschule auf weiterführende Schulen. Bis zu den Sommerferien blieb uns noch Zeit, uns dafür zu empfehlen. Der Ehrgeiz der Eltern war dabei wesentlich größer als unser eigener. Sie wünschten sich für ihre Kinder die Schulbildung, die ihnen in Kriegs- und Nachkriegszeiten verwehrt geblieben war. „Strengt euch an, damit ihr es einmal besser habt als wir!", sagten sie. Wir schrieben Orientierungsarbeiten, machten Aufnahmeprüfungen und hofften, dass unsere Leistungen irgendwie für höhere Weihen reichen würden. Wie immer es auch ausging: Im zarten Alter von zehn Jahren machten schulische Ausleseverfahren in aller Deutlichkeit klar, wofür wir taugten und wofür nicht.

Für manche war das Thema höhere Schulbildung gar keines. Die Busverbindungen vom Land in die Stadt waren schlecht, lange Fahrzeiten keine Seltenheit. Darüber hinaus bedeuteten die Fahrtkosten eine zusätzliche Belastung für die Geldbeutel unserer Eltern. Abhängig vom Bundesland, in dem wir lebten, und von der Entfernung zur Schule konnte eine Fahrkarte 40 Mark im Monat kosten. Da das Handwerk zur damaligen Zeit aber gerade auf dem Land noch „goldenen Boden" hatte, verzichteten manche Eltern darauf, uns eine höhere Bildung angedeihen zu lassen. Wir blieben sozusagen auf dem Lande und nährten uns redlich.

Mit der „Thunge thwischen den Thänen"

Morgens um sieben füllten wir Busse und Straßenbahnen auf dem Weg zur Schule. In den alten Gebäuden wehte noch der Geist der Vorkriegslehranstalten. Aber nach den Sommerferien kamen mit jedem Schuljahr neue Lehrer an unsere Bildungsstätten. Die Generation der 68er-Revolte hatte ihr Studium beendet und stand bereit, uns zu unterrichten. Sie trugen Jeans und Turnschuhe und wirbelten den Mief des abgestandenen Wissens aus den Ecken. Der Staat bangte um unser politisches Seelenheil und schuf den Radikalenerlass, um die Gesinnung der Lehrer auf Linie zu trimmen.

Wir paukten englische, französische und lateinische Vokabeln. Französischlehrerinnen dozierten über die unterschiedlichen Nasallaute der französischen Sprache. Unsere Nasale klangen alle gleich und hörten sich an, als hätten wir eine Wäscheklammer auf der Nase. Aber immer mal wieder übersetzten wir in den Französischstunden Chansons von Jaques Brel und Edith Piaf.

Wanderklassen hatten kein festes Klassenzimmer und verbrachten Freistunden überall da, wo eine Ecke frei war.

11. bis 14. Lebensjahr

Schneiderbücher und alle Arten von Comics trugen zu unserer „Bildung" bei.

Zu Hause vor dem Spiegel übten wir mit der „Thunge thwischen den Thähnen" die korrekte Aussprache des englischen „th". Unsere Englischlehrer kamen mit dem Plattenspieler unterm Arm in den Unterricht. Wir hörten alles von Beatles bis Rolling Stones und übersetzten den Text von „Lady in Black" oder „Me and Bobby McGee". Nur Latein blieb trockener Lernstoff. Es gab einfach keine guten lateinischen Popsongs.

„Geschweifte Klammer mit nichts drin. { }".
Von der Mengenlehre und anderen Scheußlichkeiten

„Eine Menge", erklärt dein Mathelehrer vorne an der Tafel, „ist eine Zusammenfassung unterscheidbarer Objekte, sie besteht aus sogenannten Elementen. Diese schreibt man in geschweifte Klammern. {1; 2; 3}." Das ist einfach. Das verstehst du. Er fährt damit fort, die Bildung und Definition von Teil-, Schnitt-, Vereinigungs-, Differenz- und Ergänzungsmengen zu erläutern. Da verstehst du gar nichts mehr. „Eine leere Menge", schreibt dein Lehrer an die Tafel, „ist eine Menge ohne Elemente. Diese schreibt man als geschweifte Klammern ohne Inhalt." Das verstehst du wieder.

So fühlt sich dein Kopf an. Geschweifte Klammer mit nichts drin. { }. Deine Erziehungsberechtigten haben eine Einladung zum Elternabend erhalten, bei dem sie ebenfalls in die Geheimnisse der Mengenlehre eingeweiht wurden. Gestern Abend haben sie mit anderen Erziehungsberechtigten an deinem Platz in deinem Klassenzimmer gesessen, Teilmengen gebildet, sie vereinigt und Schnittmengen definiert, bis ihnen die Köpfe rauchten. Irgendjemand muss dir ja schließlich bei den Hausaufgaben helfen können!

Gegeben ist die Menge aller Ahnungslosen. Schüler bilden die Ergänzungsmenge zur Menge der Eltern, wobei die Menge der Eltern mächtiger ist als die der Schüler. Eine Teilmenge von Schülern kommt mit der Mengenlehre ganz gut zurecht. So wie du. Endlich kannst du in Mathe gute Noten schreiben, ohne

das große Einmaleins zu beherrschen! Eine Teilmenge deiner Klassenkamera-
den mag die verlässliche Welt der Algebra lieber und löst gekonnt Gleichun-
gen nach X auf. Die Schnittmenge derer, die beides gleich gut beherrschen,
umfasst nur wenige Elemente. Dein Kopf bleibt, was er immer war. Geschweifte
Klammer mit nichts drin. { }.

Willy Brandt wagt mehr Demokratie

*Mit seinem legendären Kniefall von
Warschau am Mahnmal des Ghetto-Auf-
standes leitet Willy Brandt 1970 symbo-
lisch eine Politik der Annäherung an die
Ostblockstaaten ein. Diese Politik setzt er
gegen den entschiedenen Widerstand
der CDU/CSU-Opposition durch. Für
seine Bemühungen um die Entspannung
des Ost-West-Konfliktes in Europa erhält
er 1971 den Friedensnobelpreis.*

*Innenpolitisch versucht Brandt mit
seinem Motto „Mehr Demokratie wagen"
die Stagnation der Nachkriegszeit zu
überwinden und weitreichende Reformen
im Sozial-, Bildungs- und Rechtswesen
einzuleiten. Seine Kanzlerschaft
ist von Turbulenzen geprägt:*

*1972 übersteht er ein konstruktives
Misstrauensvotum und stellt im Bundestag die Vertrauensfrage. Aus den Neu-
wahlen im November 1972 geht die SPD
als stärkste Fraktion hervor. Am 6. Mai
1974 tritt Brandt wegen der Spionageaf-
färe um seinen persönlichen Referenten
Günter Guillaume zurück.*

*Heute sehen Geschichts- und Politik-
wissenschaft in seiner „Neuen Ostpolitik"
eine Wegbereitung für den Zusammen-
bruch der kommunistischen Regierungen
in Osteuropa und die Wiedervereinigung
Deutschlands.*

*Bundeskanzler Willy Brandt
erhielt 1971 den Friedesnobelpreis,
zu dem ihm die Jusos mit einem
Fackelzug gratulieren.*

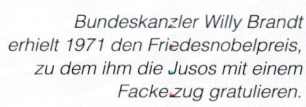 11. bis 14. Lebensjahr

Aufklärung für 70 Pfennig

Donnerstags standen wir morgens schon am Kiosk, siebzig Pfennig abgezählt in der Hosentasche, und holten uns die neue BRAVO. Im Unterricht blätterten wir unterm Tisch heimlich in den Seiten. Wir erfuhren, dass nur Sulfoderm Schwefelpuder für zwei Mark fünfundneunzig gegen Pickel hilft, und „Stop'n grow"-Nagellack gegen Nägelkauen. Wir schickten Stimmkarten für das Mädchen oder Jungen des Jahres ab und hofften auf den Gewinn eines Kassettenrekorders 2202 Metallic-Look von Philips. Über das, was die Lehrer im Biologieunterricht erzählten, konnten wir nur müde lächeln. Der schulische Aufklärungsunterricht beschränkte sich im Wesentlichen auf Gregor Mendels Vererbungslehre.

Was wirklich wichtig war, erfuhren wir nur in der BRAVO. Der „Liebesfachmann" und Jugendpsychologe Dr. Korff klärte uns über alles auf, was wir zu Lust und Liebe wissen mussten. Überraschend freizügige Fotos zeigten, wie Mann und Frau beschaffen waren, was sie miteinander tun konnten und wie schön das berühmte erste Mal sein könnte. Mit Fragen und Problemen wandten wir uns vertrauensvoll an Dr. Sommer. Wie küsse ich richtig? Kann ich durch Petting schwanger werden? Wird man vom Masturbieren blind?

In der BRAVO blieb keine Frage offen.

Viele wünschten sich zum Geburtstag oder zu Weihnachten einen Plattenspieler.

Dr. Sommer beantwortete uns alle Fragen, selbst die, die wir gar nie stellten. Trotzdem hielten wir es nicht für selbstverständlich, mit vierzehn bereits die ersten sexuellen Erfahrungen gemacht zu haben. Wir ließen uns Zeit damit und manche mussten bis zur ersten Tanzstunde warten, um mit dem anderen Geschlecht mal so richtig auf Tuchfühlung zu kommen.

Flowerpower, Poster und bunte Bettwäsche – Zimmer im Farbenrausch.

Pril-Blumen und Bravo-Starschnitte

Die Eltern zogen mit uns aus den unkomfortablen Altbauwohnungen der Innenstädte in moderne Drei- und Vierzimmerwohnungen am Stadtrand. Die bunten Pril-Blumen auf den langweiligen weißen Kacheln der Küchen und Badezimmer ließen wir zurück. In unserem neuen Zuhause teilten wir uns weiterhin ein Zimmer mit Brüdern oder Schwestern. Links ein Bett, rechts ein Bett, zwei Schreibtische am Fenster und an der Wand ein Kleiderschrank. Jeder durfte seine Seite nach eigenem Geschmack gestalten, so grinste von einer Wand Penny McLean, von der anderen Alice Cooper.

Wer das Glück hatte, sein eigenes Zimmer zu haben, besaß bei der Ausgestaltung alle Freiheiten. Natürlich im Rahmen dessen, was unsere Eltern für vertretbar hielten. Bereits bei der Wahl der Tapeten ergaben wir uns ganz dem Farbenrausch der Zeit und entschieden uns für großflächige Muster, vorzugsweise in Gelb, Orange, Braun und Rot.

Auf diese Tapeten pinnten wir Poster der Lieblingsstars und die Wände gerieten zu einer eindrucksvollen Sinfonie aus Mustern, Farben und Gesichtern. Wir sammelten BRAVO-Starschnitte. Woche für Woche schnippelten wir Bernd Clüvers Lockenmähne, Shaun Cassidys linken Arm oder die begnadeten Fußballerbeine unserer Weltmeisterelf aus und hefteten sie mit den restlichen Teilen zusammen. Die Gefährten unserer Jugend klebten lebensgroß an unseren Wänden, Zimmertüren und Schränken. Hatten wir ein Idol satt, diente es uns noch eine Zeit lang als Zielscheibe für unsere Wurfpfeile, bis wir es endlich austauschten. Der nächste Starschnitt kam bestimmt.

Jeder gestaltete seine Zimmerecke nach eigenem Geschmack.

Rosa Schaumwaffeln und „Köpper" vom Dreimeterbrett

Zusammen mit Freunden, Nachbarskindern oder älteren Geschwistern tummelten wir uns im Sommer in den Freibädern. Die moderneren unter ihnen besaßen Wasserrutsche und Sprungturm, das machte sie äußerst attraktiv. Die Badetücher legten wir zu einer großen Liegefläche aus.

Mit Rucksäcken und Badetaschen markierten wir für jeden sichtbar die Grenzen unseres Reviers. Mädchenrevier neben Jungenrevier. Wir riskierten schüchterne Blicke und bekamen rote Köpfe. Jungen sausten auf dem Bauch die Rutschen hinunter, machten Klappmesser und Wasserbomben vom Einser und stürzten sich waghalsig mit „Köppern" vom Dreimeterbrett. Mädchen taten sehr gelangweilt und tuschelten heimlich darüber, welcher Junge in welcher Badehose die beste Figur machte.

Im Schwimmerbecken trafen wir zusammen und spielten Wasserball, tauchten um die Wette und tunkten uns gegenseitig unter. Wir blieben im Wasser bis die Fingerspitzen runzlig und die Lippen blau waren und wir vor lauter Bibbern nicht mehr schwimmen konnten. Nur die Aussicht auf ein Eis am Stiel, das es für fünfzig Pfennig am Kiosk zu kaufen gab, brachte uns an Land. Wenn ein Junge ein Mädchen gern mochte, spendierte er ihr eine rosa Schaumwaffel mit Schokoladeüberzug an beiden Enden.

Das Schwimmbad war ein guter Ort für erste Annäherungsversuche.

Mädchencliquen im Schwimmbad oder am Strand: Bikinimode à la 70er-Jahre.

11. bis 14. Lebensjahr

Mit **Vollgas** in die Unabhängigkeit

Hüben und drüben

Die innerdeutsche Grenze bestimmte nach wie vor das Leben. Die Mütter packten Pakete für Onkel und Tante im Osten mit allem, was für uns im Westen selbstverständlich war. Vakuumverpackten Kaffee, Schokolade und Feinstrumpfhosen schickten sie nach „drüben".

Die Cousine im Osten war dreizehn und wünschte sich Kaugummi von Wrigleys und Jeans, am liebsten von Levis, Mustang oder Wrangler. Die waren teuer. Sie bekam Jeans, aber die billigeren von C&A. Die trugen wir auch, wenn das Geld für die teuren Markenjeans nicht reichte. Einmal im Jahr fuhren wir in die „Ostzone". Unsere Eltern nannten das Staatsgebiet der DDR noch immer so. 1974 musste die Fahrt nach drüben ausfallen, im Jahr zuvor hatte die DDR den

Chronik

1. Januar 1975
In der Bundesrepublik wird das Volljährig-
keitsalter von 21 auf 18 Jahre herabgesetzt.

27. Februar 1975
Der Westberliner CDU-Vorsitzende Peter
Lorenz wird von Terroristen entführt, um
inhaftierte Gesinnungsgenossen freizupres-
sen. Er wird später unversehrt freigelassen.

30. April 1975
Mit der Kapitulation Saigons endet der
Vietnamkrieg, damit geht ein fast 30 Jahre
während Konflikt zu Ende.

9. Mai 1976
Ulrike Meinhof, Mitbegründerin der
Baader-Meinhof-Gruppe, erhängt sich in
ihrer Zelle in der Haftanstalt in Stuttgart-
Stammheim.

10. Juli 1976
In der oberitalienischen Gemeinde Seveso
ereignet sich ein Giftgasunfall, bei dem
über 200 Menschen, darunter viele Kinder,
Verätzungen und Vergiftungen erleiden.

16. August 1977
In Memphis/Tennessee stirbt im Alter von
42 Jahren das Rock 'n' Roll-Idol Elvis
Presley an Herzversagen.

30. Juli 1977
Jürgen Ponto, Vorstandssprecher der
Deutschen Bank, wird Opfer eines
Mordanschlags der terroristischen RAF.

16. Oktober 1978
Nach dem überraschenden Tod von Papst
Johannes Paul I. nach nur 34-tägigem
Pontifikat wählt das Konklave den polni-
schen Kardinal Karol Wojtyla zum neuen
Oberhaupt der katholischen Kirche.

28. März 1979
Im Kernkraftwerk Three Mile Island in den
USA kommt es zum bisher schwersten
Störfall in der Nutzung der Kernenergie.
Radioaktive Gase und Wasser gelangen in
die Umwelt.

3. Mai 1979
Margret Thatcher führt die Konservative
Partei in England zum Wahlsieg und wird
erste weibliche Regierungschefin in Europa.

Ost-Rock auf West-Plattenspieler – Musik von
den Puhdys war auch im Westen beliebt.

Zwangsumtausch auf 20 Mark am Tag
verdoppelt. Nach heftigen Protesten in
Ost und West lag der Satz daraufhin
dann bei 13 Mark. Das war immer noch
viel, aber wir fuhren wieder.

„Modernes Raubrittertum!", murrten
unsere Väter, wenn sie ihre gute
D-Mark in wertloses „Blechgeld"
umtauschen durften. Irgendwie mussten unsere Eltern das Geld in den paar
Tagen, in denen wir drüben waren, ja
ausgeben. Also kauften wir Schallplatten für sechzehn Mark zehn Ost. Die
Musik der Puhdys gefiel uns auch im
Westen ganz gut.

Den Wind in den Haaren

Wir wurden vierzehn und gefirmt oder
konfirmiert. Unsere Eltern betonten
unbeirrt die Wichtigkeit dieser Rituale
auf dem Weg des Erwachsenwerdens.
Von Staat, Kirche und Eltern sanktioniert

erhielten wir den ersten offiziellen Schluck Alkohol und beim anschließenden Festessen durften wir uns ein Glas Bier oder ein Viertel Wein bestellen. Zum großen Fest erhielten Mädchen Tischwäsche und Handtücher für die Aussteuer, Jungen eine gravierte Uhr vom Taufpaten oder den ersten elektrischen Rasierer, obwohl den noch keiner brauchte. Uns selbst waren Geldgeschenke lieber. Den größten Teil legten die Väter auf Sparkonten zinssicher an, vom Rest leisteten wir uns den ersten eigenen Plattenspieler, einen Radiorekorder oder eine Gitarre.

Ansonsten änderte sich nicht viel. Wir gingen weiterhin zur Schule und bekamen zu wenig Taschengeld. Jeden Pfennig, den wir erübrigen konnten, sparten wir fürs erste eigene Fortbewegungsmittel. Mofa, Motorroller oder Moped, welcher Art das Gefährt war, spielte dabei kaum eine Rolle. Hauptsache, es hatte zwei Räder und einen Motor. Mit sechzehn machten wir den Mopedführerschein und fuhren silberne Zündapps, knallrote Vespas oder blaue Hercules. Von da an wollten wir nur noch eins: aufsteigen, Gas geben und den Wind in den Haaren spüren!

Beatles waren gestern – in den 70er-Jahren waren die Rolling Stones eine der erfolgreichsten Rockbands.

Modische Spielchen

In Schule und Freizeit bildeten wir mit Vorliebe Cliquen. Es war wichtig, zu einer Clique zu gehören und sich gleichzeitig von anderen abzugrenzen. Für manche geriet das ganze Leben zur Anschauungssache: Levis- oder Wranglerjeans, Coca oder Pepsi Cola, Abba oder Uriah Heep.

Mit Kleidung und Frisur brachten wir zum Ausdruck, zu welcher Sorte wir uns zählten. Gehörten wir zu den „Ausgeflippten", war unser Haar länger als das aller anderen und die Jeans zerrissener. Einen Joint betrachteten wir als legitimes Mittel, um der feindlichen Welt hin und wieder den Rücken zu kehren. Wer modisch wirklich etwas auf sich hielt, trug Blusen und Hemden mit langen Spitzkrägen, Poloshirts in Gelb, Rot und Orange, weite Schlaghosen und Stiefel mit Plateausohlen. Fanden wir die Hosenschläge zu eng, trennten wir die Beinnähte auf und setzten Stoffkeile ein. Erst wenn die Schläge den ganzen Schuh bedeckten, waren wir zufrieden. Zu schwingenden Röcken trugen wir bestickte Baumwollblusen, gebatikte Shirts und Häkelwestchen darüber. Dazu Plateausandalen mit Fesselriemchen oder flache Jesuslatschen.

Es gab nichts Schöneres als das erste eigene Moped.

Unkonform in Uniform

Viele von uns gehörten zur großen Masse der Parka-, Jeans- und Turnschuhträger. Jeans in allen Formen waren unsere Alltagskluft: Hosen, Röcke, Jacken, Westen, Mäntel. Wir begehrten auf gegen Gleichmacherei und Uniformen und kleideten uns doch selbst uniform. Wir wuchsen in eine Welt hinein, die Zukunftsängste schürte, viele Probleme ungelöst und zahllose Fragen offen ließ. Energiekrise, Atomkraft und Umweltverschmutzung, das waren die Themen unserer Zukunft.

Riesensonnenbrillen und „Knutschtücher" um den Hals waren Modehits der 70er.

Wir wickelten uns Palästinensertücher um den Hals und gingen auf die Straße. Wir demonstrierten gern und viel. Für bessere Bildungschancen, kleinere Klassen und mehr Lehrer, gleichzeitig gegen den Leistungsdruck und das

Erfolgsdenken der Gesellschaft. Für Gleichberech-
tigung von Männern und Frauen und gegen Aus-
beutung aller Unterdrückten. Für Frieden in der
Welt und gegen Atomwaffen in Europa. Die täglichen Nachrichten zeigten uns Terror in Deutschland, Irland und Italien, Kriege in Asien, Afrika und
im Nahen Osten. An allen Ecken der Welt brannte
es. Wir nahmen die Konflikte und Ungerechtigkei-
ten in der Welt wahr und sie ließen uns nicht
unberührt. „Betroffen sein" war unser Lebensgefühl.

Azubi und Azubine

Es war an der Zeit, dass wir uns darüber Gedanken machten, was wir werden
wollten. Mit fünfzehn verließen wir die Hauptschulen, mit sechzehn die Real-
schulen. Es standen uns nicht etwa alle Möglichkeiten offen. 1976 lag die Zahl
der Arbeitslosen über einer Million. Es mangelte an Lehrstellen und immer
mehr junge Leute standen auf der Straße. Wir wollten Elektriker, Kfz-Mechani-
ker und Schreiner werden, Frisöse, Erzieherin oder Bürokauffrau. Wir schrieben
Bewerbungen, lächelten fürs Bewerbungsfoto nett in die Kamera und versuchten beim Vorstellungsgespräch einen besseren Eindruck zu machen als die
Konkurrenz.

Am ersten Ausbildungstag
standen wir mit klopfenden
Herzen vor unseren zukünfti-
gen Chefs und hofften, nicht
alles falsch zu machen.
Obwohl wir nicht länger

Mütter, Väter, Kinder und wir
vorneweg demonstrierten in den
70er-Jahren gegen Atomkraft.

Lehrlinge genannt wurden, sondern Auszu-
bildende, in Kurzform „Azubi" und spöttisch
„Azubine", brachte uns dies keine spürbare
Verbesserung. Wir waren und blieben
„Stifte", fegten die Werkstatt und machten
die Ablage in der Registratur. Am Monatsende strichen wir stolz das erste Lehrlings-
gehalt ein. Zu Hause zahlten wir den Eltern
fünfzig oder hundert Mark Kostgeld, der
Tank unseres Mopeds war schon wieder
leer und eine neue Jeans brauchten wir
auch. Irgendwie war der Monat immer zu
lang für das, was wir verdienten.

Azubi und Azubine übten die
kreative Buchführung.

Gold-Rosi – erfolgreichste Skiläuferin aller Zeiten

Bereits im zarten Alter von drei Jahren steht
Rosi Mittermaier aus Reit im Winkl auf den
„Bretteln", mit vierzehn wird sie zu Trai-
ningskursen des Deutschen Skiverbandes
eingeladen. 1967 gewinnt sie erstmals die
deutsche Meisterschaft in der Kombination

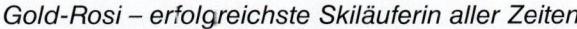

Wenn Gold-Rosi in der Sieger-Spur fuhr,
jubelte die ganze Nation.

und tritt in den folgenden Jahren immer
mehr ins sportliche Rampenlicht. Die
Olympischen Winterspiele in Innsbruck
1976 werden zu den Spielen der Rosi
Mittermaier. Mit Goldmedaillen in Abfahrt
und Slalom und einer Silbermedaille im
Riesenslalom fährt sie sich unerwartet auf
den alpinen Ski-Olymp. In der Saisonwer-
tung 1976 erringt sie den Weltcup in Slalom
und Kombination, bei den Weltmeister-
schaften gewinnt sie Slalom, Abfahrt und
Kombination. Mit diesen Leistungen wird
sie zur bis dahin erfolgreichsten Skiläuferin
aller Zeiten. Trotz des größer werdenden
Rummels um ihre Person, bewahrt „Gold-
Rosi" ihre Natürlichkeit und Herzlichkeit.
1980 heiratet sie ihren langjährigen Freund
und Sportkameraden Christian Neureuther.
1997 wird Rosi Mittermaier zur ersten
deutschen „Botschafterin für Sport,
Toleranz und Fair Play" ernannt.

Die Deutsche Bundesbahn machte Werbung für ein Europa ohne Grenzen.

Von überall nach nirgendwo

1972 hatte die Deutsche Bundesbahn das Interrail-Ticket eingeführt. Für 329 Mark gab es ganz Europa minus Ostblock. Alle Teenager in den 70er-Jahren träumten davon, einmal mit Interrail zu verreisen. „Ihr allein unterwegs in fremden Ländern?", empörten sich unsere Mütter. „Kommt nicht infrage!", lautete das Machtwort unserer Väter

Wir würden alles andere als allein sein, in den Ferienwochen glichen die Züge Europas rollenden Jugendherbergen. Aber das zählte nicht als Argument. Wir trugen Zeitungen aus, hüteten die Kinder der Nachbarn und gaben Nachhilfe in Mathe und Englisch, um uns das Geld fürs Ticket zusammenzusparen. Wer Glück hatte, durfte mit siebzehn schon den Rucksack packen, manche mussten bis zur Volljährigkeit warten. Doch die Ferne lockte.

Alles, was wir brauchten, steckte in einem Rucksack. Zahnbürste, ein paar T-Shirts und Jeans zum Wechseln. Und Unterwäsche. „Sieh zu, dass du immer saubere Unterwäsche anhast", ermahnten uns unsere Mütter. Was im Rucksack keinen Platz mehr fand, brauchten wir auch nicht. Obendrauf schnallten wir den Schlafsack. Ob am Strand von Nizza oder in den Hügeln der Toskana, wo wir unseren Schlafsack ausrollten, waren wir zu Hause. Wenn wir in einen Zug einstiegen, wussten wir zwar genau, wohin er fuhr, aber nie, ob wir dort auch ankommen würden.

Unterwegs lernten wir andere junge Leute kennen, stiegen irgendwo mit ihnen aus, um von dort wieder woanders hinzufahren. Auf der Suche nach uns selbst rollten wir von überall nach nirgendwo. Hamburg, Paris, Madrid und Lissabon. Frankfurt, Zürich, Mailand und Rom. Für vier herrliche Wochen schien die Welt keine Grenzen zu haben. Abgesehen vom eisernen Vorhang im Osten, aber da wollte sowieso keiner hin.

Cover-Rock und Disco-Fieber

Samstagabends um sieben schwangen wir uns auf Mopeds, Motorroller und Mofas, holten Freund oder Freundin ab und fuhren zum Tanz. Die Filme „Saturday Nigt Fever" und „Grease" hatten die Nation in ein kollektives Discofieber gestürzt. John-Travolta-Verschnitte tanzten mit Olivia-Newton-John-Abziehbildern zu rhythmisch zuckenden Scheinwerfern unter flimmernden Discokugeln. So richtig ab ging es auch in den Turn- und Festhallen der Schulen. Pop- und Rockbands, die zu Hause in Garagen und Partykellern probten, schossen wie Pilze aus dem Boden. Sie trugen so klangvolle Namen wie „Starfighter", „Creation" oder „Seargent Pit" und spielten Cover-Musik von den Beatles bis zu den Rolling Stones, von Middle of the Road bis Sweet. Aufkleber unserer Lieblingsbands pappten auf Mopedtanks und Schulheftumschlägen. Väter kutschierten ihre Töchter zu den Tanzabenden und holten sie zur vereinbarten Zeit – nicht später als Mitternacht – wieder ab. Manche kamen per Anhalter, obwohl Eduard Zimmermann in jeder Sendung „Aktenzeichen XY…ungelöst" davor warnte.

Der Film „Saturday Night Fever" stürzte uns ins kollektive Disco-Fieber.

Für fünf Mark Eintritt bekamen wir Stempel auf unsere Handrücken gedrückt, die Cola kostete eine Mark fünfzig mit Pfand. Unser Taschengeld war knapp und wir hielten uns den ganzen Abend lang an einer Flasche fest. Waren wir schon in der Berufsausbildung, hatten wir ein paar Mark mehr zum Ausgeben. Dann tranken wir die Cola mit einem Schuss Whisky oder Asbach. Bis um zehn mussten wir das Girl oder den Boy unserer Träume erobert haben, denn da begannen die Stehbluesrunden. Eng umschlungen schmolzen wir zu Santanas „Samba Pa Ti" dahin und zerflossen unter den Klängen von Nazareths „Love hurts". In solchen Augenblicken ahnten wir, was Ewigkeit ist.

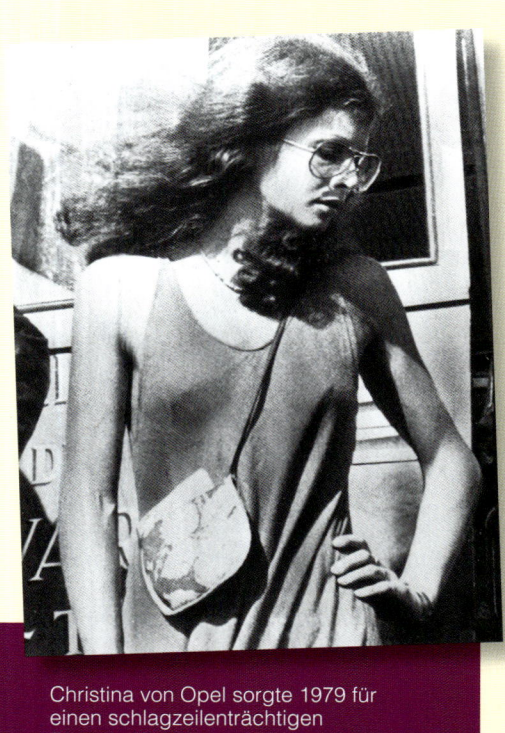

Christina von Opel sorgte 1979 für einen schlagzeilenträchtigen Rauschgiftprozess.

Irgendwann hat's fast jeder mal versucht

Wenn wir vom Tanz oder von einer Fete nach Hause kamen, achteten wir darauf, dass unsere Jacken gut gelüftet waren. Ein Streifen Wrigleys Spearmint sorgte für frischen Atem, wenn wir unseren Eltern im Vorbeigehen eine „Gute Nacht" zuhauchten.

Die ersten Zigaretten hatten wir längst geraucht, aber die Eltern durften natürlich nichts davon wissen. Unsere Väter wären hochgegangen wie Bruno, das HB-Männchen, zu seinen besten Zeiten und für unsere Mütter war es sowieso besser, sie wussten nicht so genau, was wir sonst noch trieben.

Außer Disco-Abenden und Tanzveranstaltungen gab es Feten in Partykellern, Gartenlauben und Doppelgaragen. Wir rockten ab zu dröhnend lauter Musik, knabberten Salzstangen und schlürften Cola mit Asbach oder Baccardi. Wir fläzten uns auf Matratzenlager und knutschten in schummrigen Ecken. Ab

Gemeinsam auf Feten rumhängen war unser Wochenendvergnügen.

und zu brachte einer einen Joint mit und ließ ihn kreisen. Jeder, der Lust hatte, nahm einen Zug. „Kiffen" war ein gruppendynamisches Erlebnis und wir kamen uns unheimlich frei und erwachsen vor. Für die meisten blieb es bei gelegentlichen Versuchen. Im September 1978 veröffentlichte die Illustrierte STERN den Bericht der Christiane F. über ihre Drogenkarriere: „Wir Kinder vom Bahnhof Zoo". 1979, im Jahr, als wir volljährig und für alles, was wir taten, selbst verantwortlich wurden, starben in der Bundesrepublik Deutschland 623 junge Menschen an den Folgen ihres Drogenkonsums. Wir kannten die, die nicht beim Kiffen geblieben und auf harte Sachen umgestiegen waren. Sie lungerten auf Bahnhöfen herum und begegneten uns in den Fußgängerunterführungen auf dem Weg zur Schule. Spätestens wenn wir ihnen in die hohlen Augen starrten, wussten wir, dass die Freiheit, von der sie träumten, keine war.

*„Easy Rider" wurde nicht nur
für Motorradfans zum Kultfilm.*

Konkurrenz Fernsehen: Das Kino in der Krise

*Zu Beginn der 60er-Jahre befindet sich
der deutsche Film in der Krise. Während
ausländische Produktionen wie „Jules und
Jim" von François Truffaut international
Preise einheimsen, werden 1961 alle fünf
von der bundesdeutschen Filmindustrie
nominierten Beiträge für die Filmfestspiele
in Venedig zurückgewiesen. Die Besu-
cherzahlen in den Filmtheatern gehen
drastisch zurück, die Kinobesitzer zeigen
in der Hauptsache ausländische Produktionen wie „Frühstück bei Tiffany" mit
Audrey Hepburn, Hitchcocks „Die Vögel"
oder „Der Leopard" mit dem jungen Alain
Delon und Claudia Cardinale. Beim
deutschen Publikum finden außerdem
anspruchslose, aber unterhaltsame Filme
aus heimischer Produktion Anklang, wie
die Winnetou-Verfilmungen und die
Edgar-Wallace-Reihe. Erst Mitte der
60er-Jahre gerät die deutsche Filmland-
schaft in Bewegung. Das Kuratorium
Junger Deutscher Film wird gegründet
und findet allerdings eher bei Kritikern als
beim Publikum Zuspruch.*

*International wird 1969 Dennis Hoppers
Roadmovie Easy Rider zu einem Welter-
folg. Die Filmmusik von verschiedenen
Rock- und Folkbands ist für viele Fans die
Hymne an ein freies Leben, das tragische
Ende des Films gleichsam der Abgesang
auf die Hippie-Ära. Die James-Bond-Filme
mit ihrer Mischung aus Sex, Gewalt und
Abenteuer erweisen sich als absolute
Publikumsmagneten, gleichzeitig führt die
Zunahme erotischer Szenen in internatio-
nalen Produktionen unter deutschen
Bürgern zu Protesten für eine „saubere
Leinwand". Die Sexwelle in den Kinos ist
jedoch nicht aufzuhalten. Oswald Kolles
Aufklärungsfilme „Helga" und „Das
Wunder der Liebe" finden großen Zulauf
und ziehen wenig niveauvolle Streifen in
„Frau-Wirtin"- und „Schulmädchenreport"-
Manier nach sich.*

*1975 gehören deutsche Produktionen zu
den umjubelten Filmen auf internationalen
Festspielen in New York und London. Das
Publikum hierzulande ergibt sich lieber den
Katastrophenszenarien ausländischer*

Produktionen wie „Der weiße Hai", „Flammendes Inferno" oder „Erdbeben". Junge Menschen identifizieren sich gerne mit den Einzelkämpfern der Kinoleinwand wie „Dirty Harry" oder „Rocky". Gleichzeitig beginnt Amerika sich in Filmen wie „Coming Home" und „Apocalypse Now" mit dem Vietnamkrieg und seinen Folgen auseinanderzusetzen, während deutsche Regisseure die politische Situation in der Bundesrepublik beleuchten. 1979 zeigt der Trend, dass sich die Filmbranche von der Krise der letzten Jahre erholt, die Zahl der Kinos und der Besucher steigt wieder an.

„Die Blechtrommel" von Volker Schlöndorff gehörte zu der Kategorie „neuer deutscher Film".

Den oder keinen!

Als du ihn das erste Mal siehst, weißt du sofort: Er ist es! Wie er so dasteht, ein bisschen fremdländisch und geheimnisvoll, kannst du gar nicht aufhören, ihn immer wieder anzustarren. Die Frage ist nur noch, wie du es schaffst, ihn zu kriegen. Bestimmt sind viele andere genauso scharf auf ihn. Dein Vater ist natürlich dagegen. „Einen Ausländer", sagt er argwöhnisch, „bei denen weiß man doch nie …". Deine Mutter stimmt ihm zu. Ein Deutscher muss es sein. Die sind solide und zuverlässig, sagen deine Eltern, die lassen dich nie im Stich! Aber dein Herz hängt an dem Anderen, dem Außergewöhnlichen. Du kannst nicht aufhören von ihm zu träumen.

Ab 1978 waren Käfer „Made in Germany" Vergangenheit.

VW-Käfer aus Mexiko

15. bis 18. Lebensjahr

Mit ihm, so scheint dir, wäre dein Leben grenzenlos, zusammen könntet ihr jedes Ziel erreichen.

Aber deine Eltern lassen sich nicht umstimmen. Sie bestehen auf dem Deutschen und stellen dich vor die Entscheidung: „Den oder keinen!" So fügst du dich. Du nimmst den Zuverlässigen, den Treuen und Soliden. Dein erstes Auto wird ein VW Käfer 1300. Ein gepflegter Gebrauchtwagen in Hellblau, der seinem Vorbesitzer sieben Jahre lang treu gedient und ihn über 50 000 km weit zuverlässig überall hingebracht hat. Der Andere, der Außergewöhnliche, der englische Mini Cooper, bleibt ein unerfüllter Traum.

Der Opel Kadett war in den 70er-Jahren auf allen Straßen unterwegs.

Unseren Fahrzeugen ließen wir die liebevollste Pflege angedeihen.

Wettrüsten auf vier Rädern

Für viele von uns war der VW-Käfer das erste Familienauto, in dem wir vor 18 Jahren spazieren gefahren wurden. In Deutschland war der letzte Käfer „Made in Germany" bereits 1978 vom Band gelaufen, aber als Gebrauchtfahrzeug waren die älteren Baujahre für uns Führerscheinneulinge einigermaßen erschwinglich. Getreu seinem Motto – „Er läuft und läuft und läuft" – hatte er uns über die Jahre hinweg bis an die Schwelle unserer Volljährigkeit begleitet.

Wir träumten vom Opel GT, dem Fiat Spider Cabrio oder wenigstens einem Ford Capri, doch in den Höfen der Autohändler standen für unsere Geldbeutel nur Käfer, Enten und R4 bereit, 1000er Simca, NSU Prinzen und Opel Kadett. Gebraucht, angerostet und überholungsbedürftig. In jeder freien Minute schraubten wir an ihnen herum, schmirgelten beharrlich Roststellen ab, schmierten Grundierung darüber und sprühten neuen Lack auf. Wir reinigten Zündkerzen und Vergaser, wechselten Öl und erneuerten Bremsbeläge. Im Wettlauf um die akustische und optische Aufrüstung unserer fahrbaren Unter-sätze bauten wir Kassettenradios mit Stereolautsprechern ein, frisierten Aus-puffanlagen und zogen Breitreifen auf. Den Fuchsschwanz an der ausziehba-ren Antenne hatten wir als Allererstes montiert.

Das Leben kann kommen!

Wir paukten uns durch die Oberstufenreform im Gymnasium, waren bereits in der Ausbildung oder hatten gerade eine Lehre beendet. Jetzt waren wir volljährig, hatten den Führerschein in der Tasche und starteten mit Vollgas durch in unser eigenes Leben. Glaubten wir. Doch wir wohnten immer noch zu Hause und hörten von unseren Vätern den uralten Spruch: „Solange du deine Füße unter meinen Tisch streckst …". Aber wir kämpften um jedes Stück Autonomie. Auf unserem Weg in die Erwachsenenwelt hatten wir gerade den ersten Bausparvertrag abgeschlossen, wir lasen längst Kicker und Emma statt BRAVO und sagten unseren Müttern, sie brauchten abends mit dem Essen nicht auf uns zu warten. Die 70er-Jahre neigten sich ihrem Ende zu, was uns die 80er bringen würden, wussten wir noch nicht. Doch auf uns wartete das Leben. Unser eigenes Geld und unsere eigene Wohnung. Die große Freiheit und die große Liebe. Wir waren bereit. Das Leben konnte kommen!

Hey – wir sind bereit! Was kostet die Welt?

15. bis 18. Lebensjahr